阪神園芸

甲子園の神整備

金沢健児
阪神園芸グラウンドキーパー

毎日新聞出版

2017年11月17日、クライマックスシリーズファーストステージ第3戦。午前11時半、前々日からの雨がようやく上がる。

午後1時、水たまりの中、続けられるグラウンド整備。ピッチャーマウンドを作り上げている背後では、土を足してトンボがけをする作業が始まっている。

午後3時、水が引いた。ここから、本格的な仕上げの段階に入る。

午後5時20分、阪神タイガースのノック開始。水浸しのグラウンドは跡形もなく消え去った(このページの全写真提供:日刊スポーツ)。

トンボがけ。土をならすための一番基本となる作業。土をどこからどこへどのように持って行くかを習得するには、3年以上はかかる（写真提供：阪神園芸）。

土は掘り起こしてならす。土の状態を見ながら、その都度ふさわしい機械、道具を選んで作業する。

散水作業は時計回り。土の水分量を計算しながら、大きな水圧のかかるホースを適切な角度で持ち、水の粒の大きさを調節しなければならない。

ホースの長さは20メートル。先頭で散水作業をするには、3年以上の経験が必要。

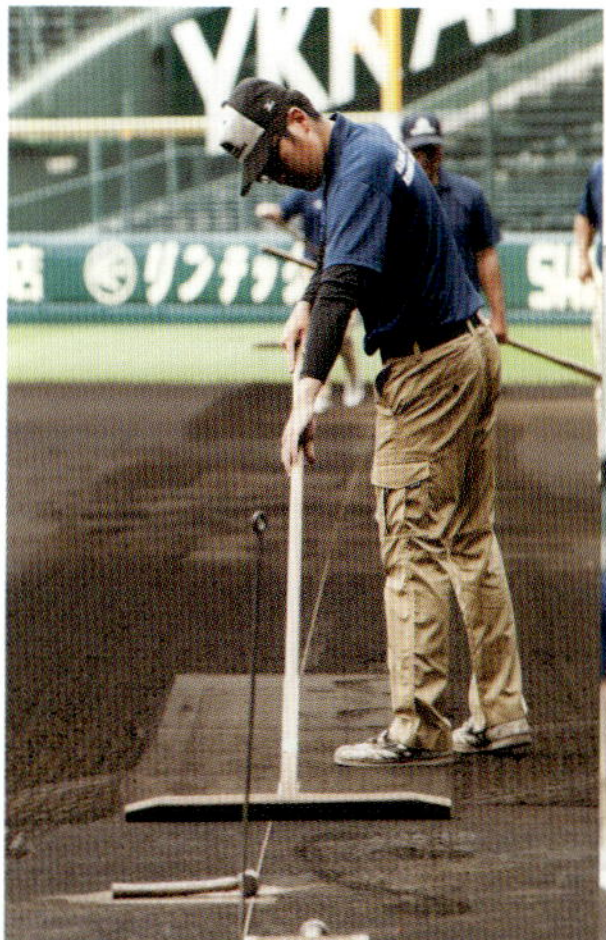

ファールライン上に水糸を張り、その上を平らにならす。この作業があってこそ、まっすぐなラインが引けるようになる。

芝刈り機。前面についている3つの箱の中に、刈られた芝が入る。

気温が上がってくると、9000平方メートルの広さを毎日刈る必要がある。刈った芝はポリ袋5袋前後、雨などで日にちが空くと10袋以上になることもある。

出動する芝刈り機は3台。芝は夏芝と冬芝の二毛作で、年中青い。

阪神園芸　甲子園の神整備

はじめに

「これ、9回まで持つんやろか」

あの試合を観ていただれもが、そう思ったのではないだろうか。

2017年10月15日、阪神甲子園球場は雨だった。セ・リーグのクライマックスシリーズファーストステージ第2戦、阪神タイガース対横浜DeNAのゲームが行われると決定したのは、当日の午後1時。前日に張られたシートが外されると、みるみるうちに雨がグラウンドにしみていく。それでも、定刻から遅れること約1時間、3時3分に試合は開始された。

雨はいっこうに止まない。それどころか、強くなる一方だった。

内野が泥沼のように水浸しになる中、試合は続けられる。翌日も雨の予報だったため、セントラル・リーグは簡単には中止の判断を下せなかったのだ。

試合をやるからには、どれだけ雨が降っていようと、グラウンドのコンディションを回復させなければならない。私たち阪神園芸グラウンドキーパーの出番だった。

タイガース先発ピッチャーの秋山拓巳《あきやまたくみ》選手は、1回から、マウンドで足をふんばることができないと、足元の土の入れ替えを頼んできた。その後も、グラウンドの違和感を訴える選手が絶えない。

私たちはとにかくグラウンドに向かい、速乾性のある砂を補充した。ぬかるみに足を取られて選手が転倒することがありませんように。ひたすらそれだけを願っていた。20回近く砂を入れに行って、なんとか9回まで試合を持たせた。

「阪神園芸すごい」

球場で観戦していたお客さんは、SNSなどで私たちの仕事を賞賛してくれた。タイガースだけでなくDeNAの選手も、「思った以上にちゃんとスパイクが土を噛んだ」とコメントしてくれたりした。確かに、ぬれて光ってはいても、見た目よりはしっかりした土になっていたと思う。

それでも、私たちはふがいない気持ちでいっぱいだった。

私たちがこの試合のためにできたことといえば、前日にグラウンドをできるだけ硬く仕上げて雨よけのシートを張っておくこと、当日の試合中にピッチャーマウンドやバッターボックスなどに砂を補充することくらいだ。

この試合では、ぼてぼてのゴロでもヒットになったり、ボールがバウンドせずに止まってしまったりすることもあった。けが人は出なかったものの、決してグラウンド状態はよくなかった。

15日に試合を開催したこと自体に、一部から批判の声があがっていたのも事実である。


ただ、翌々日の17日は、私たちが本領を発揮できた試合だったと思う。

15日に甲子園を水浸しにした雨は16日も降り止まず、クライマックスシリーズファーストステージ第3戦は17日に持ち越されることになった。ところが、17日も雨が降り続き、止んだのは午前11時半すぎ。その時点でグラウンドには、泥田のようになった15日の試合終了時から一切足を踏み入れていなかった。

だからこそ、午後4時、甲子園に足を踏み入れたお客さんたちは、驚いたのではないだろうか。ぬかるみなど最初からなかったかのように、いつも通りのグラウンドが目の前に広がっていることに。

シートもなく丸2日間雨に打たれ続けたグラウンドを、わずか4時間半で元通りにできたこと、これこそが、私たちの本当の仕事だったように思う。ほかには真似のできない、阪神園芸のグラウンド整備の底力を見てもらえた日だったはずだ。

この本のタイトルには、「神」なんて言葉が使われているが、私たちはそんなたいそうな存在ではない。むしろ、球場を整備する、地味な裏方だ。それでも、特にあの日以来、陰で働く私たちに目を留め、「神整備」と呼んでくれる人たちがいる。

そんな阪神園芸グラウンドキーパーの仕事を紹介するのが本書だ。土や芝に対するこだわり、トンボかけや散水といった具体的な作業の一コマをお見せしたいと思う。私たちのかけがえのないパートナーである、阪神タイガースの選手たちのエピソードも盛り込んだ。一見マニアックな項目が並ぶが、甲子園の舞台裏を覗き見るような感覚で楽しんでもらえれば嬉しい。

グラウンドキーパーの働きというのは本来、スポットの当たるものではない。その存在すら意識したことがない人が大半だろう。

それでも、グラウンド整備こそがスポーツの試合の質を支えているという側面はあるはずだ。グラウンドという選手の足元から試合を見ている私たちだからこそ、発見できることもたくさんある。グラウンドキーパーの仕事を知れば、選手たちのプレーだけでなく、そのプレーを生んだグラウンドにも目がいくようになるだろう。

視線を落としてスポーツを観る。それだけで、新たな魅力が発見できるかもしれない。

実は、本を出版しないかという話を持ちかけられた当初、私は断ろうと思っていた。私たちの仕事の性質上、表に出て目立つようなことは、できるだけやりたくない。単純に恥ずかしいし、気が引ける。

ただ、2018年は、春の選抜の開催が90回目、夏の甲子園が100回目を迎え、阪神園芸は設立50周年という特別な年だ。

今、私自身も、仕事を振り返ったり、未来の仕事にイメージを膨らます、よい節目になっているような気がしている。

目次

第3章 甲子園と共に生きてきた

第4章　チームで継承する職人技

装丁　トサカデザイン
写真　高橋勝視
編集協力　原功

第1章

グラウンドキーパーの正体

グラウンド整備のプロ

競技あれば整備あり

そもそもグラウンドキーパーとは何か。グラウンドを整備する人のことだ。

では、グラウンド整備とは何か。もしかすると具体的なイメージは浮かびにくいかもしれない。でも、それはあまり意識したことがないだけで、おそらくだれもが一度は目にしたことのある作業だと思う。

たとえば、中学校や高校のグラウンドを想像してもらいたい。サッカー部や野球部、ラグビー部、陸上部などが練習をしたあとや試合をしたあと、グラウンドにはスパイク跡やすべり込みをした跡が残り、でこぼこになる。そのでこぼこをならして、練習しやすい状態に整えるのが、グラウンド整備だ。

そうしたグラウンド整備は、それぞれの部の部員が、練習後の後片付けの時間や、練習前の準備の時間に行う。グラウンドがでこぼこになったあとに雨が降ると、雨上がりに土がでこぼこのまま固まってしまうので、グラウンドをならすのが大変になる。

小学校の運動場でもグラウンド整備はある。たとえば、運動会の準備。リレーや徒競走があるので、でこぼこがあれば、準備を担当する先生たちが地ならしをするだろう。白線を引いて走るためのレーンも作る。

このように、学校行事や部活の場面で、グラウンド整備のいわば原型のようなものが行われている。


プロスポーツの世界でも、グラウンドを使う種目においては、グラウンドを整備することが必要になる。

ただ、プロともなると、選手たちには練習や本番の試合に集中してもらわなければならない。学校の部活のように、選手がグラウンドの整備をするというわけにはいかないのだ。

そこで、グラウンド整備を専任で担当する人が登場する。それが、グラウンドキーパーだ。サッカー場で活躍する人もいれば、複合競技場で働く人もいる。私たち阪神園芸のグラウンドキーパーが主に担当するのは野球場だ。

野球は「足」のスポーツ

みなさんは、球場やテレビで野球の試合を観戦しているとき、選手の身体のどの部分に注目しているだろうか。

おそらく、「手」の動作を追っているのではないかと思う。投げる、打つといった動きが、試合の攻防を左右するのだから、それは当然だ。

ただ、野球は「足」のスポーツでもある。打者はダイヤモンドを「足」で走って点を入れる。投手は「足」でふんばってボールを投げ、守りについている選手は相手チームの打球を「足」で走って捕りにいく。

こんな風に考えると、球場でグラウンドを整備する意味がわかりやすくなるのではないだろうか。

野球のプレーでは、「足」の動きに大きな比重がある。つまり、選手たちにとって走りやすい、ふんばりやすいグラウンドを用意できれば、プレーの質は上がるはず、ということだ。

グラウンドで野球をするたびに、土のグラウンドにはでこぼこができる。芝の部分は踏まれた度合いでふぞろいになる。このような傷んだグラウンドは走りにくいし、ふんばりがきかない。

そういうグラウンドを、また選手たちが走りやすい状態に回復させる仕事、これが球場のグラウンド整備だ。

たかがスパイク跡が命取り

野球の試合でもう一つ大事なものに、ボールの転がり方がある。ボールは選手以上に、グラウンドのコンディションに敏感だ。芝の長さが数ミリ違うだけで、打球の速度は変わる。

たかが深さ数センチのスパイク跡があるために、予想外のバウンドをすることだってある。イレギュラーバウンドをしたボールは、大きなエラーにつながるかもしれないし、なにより選手にぶつかってけがをさせるかもしれない。

選手が走りやすい、ふんばりやすいグラウンドに仕上げること以上に、選手にけがをさせないことが第一になってくる。

私の言葉だと、「選手たちの邪魔をしないグラウンド」。それがグラウンドキーパーが理想とするグラウンドだ。

同じグラウンドは一つもない

ただ、常に同じグラウンドを提供できるかというと、そううまくはいかない。グラウンド自体は生き物だからだ。

特に屋外球場の場合、天気や気温、湿度、風向きなどが違うだけで、グラウンドは別物になる。いろいろな条件を読み、微妙な調整を加えながら、その都度ベストなグラウンドを作り出していくしかない。

たとえば、グラウンドの土をならすだけでもいくつかパターンがある。

通常は「グラウンド整備カー」などの機械や「トンボ」と呼ばれる用具などを合わせてならしていく。ただ、土が含む水分量を推測して、あえて機械を入れなかったりもする。

プレーする選手に合わせてグラウンドを調整する必要も出てくる。

守備に力を入れている選手からすれば、弾力のある土が理想だろう。イレギュラーバウンドの起こる可能性が低くなり、打球の勢いが抑えられて捕球しやすくなるからだ。

一方、走塁が得意な選手は、しっかりと足を踏みしめて走ることのできる、硬めのグラウンドを好む。

イレギュラーバウンドが起こらない程度に弾力があり、走りやすい程度に硬い。ときには相反する選手たちの要望をなんとか反映するため、グラウンドと対話しながら調整していく。

選手たちのコンディションが刻一刻と変化するように、グラウンドのコンディションも絶え間なく変わる。常に同じグラウンドを提供し続けることではなく、「そのときにできる最高のグラウンド」を用意すること、これが目標になる。

阪神園芸の強み

造園会社の一部門

私たちが勤めている阪神園芸は、決してグラウンドキーパーだけの会社ではない。メインは造園業だ。

都市や公園などの緑化企画の立案から施工、緑地整備管理というのが、主な事業内容になっている。運動施設の整備と維持管理はもう一つの事業というわけだ。

主に阪神甲子園球場と鳴尾浜二軍練習場の整備を担当する甲子園施設部と、全国各地で出張整備を行うスポーツ施設部の2部署が、運動施設の整備にあたる。

甲子園施設部のグラウンドキーパーは全員で15人。そのうち4人が鳴尾浜の球場の専任となっている。

ただ、甲子園と鳴尾浜の間でのグラウンドキーパーの貸し借りは多い。鳴尾浜で試合があるときには、甲子園を担当する要員が応援に行く。鳴尾浜で行われる二軍の試合はたいていデーゲームなので、甲子園でナイトゲームがあったりすると、鳴尾浜のグラウンドキーパーが甲子園の整備を手伝う。

その上で、必ず、1日に1、2人は休めるようにしている。甲子園で試合があるときには、10人体制でグラウンド整備を行うのが普通だ。

野球の聖地という職場

私たちの仕事場である阪神甲子園球場は、1924年に開場した、日本で初めての本格的な球場だ。熱狂的なファンを数多く抱える、阪神タイガースの本拠地でもある。

それに加えて、春には選抜高等学校野球大会、夏には全国高等学校野球選手権大会が開催される。野球をプレーする人ならだれでも、一度は高校時代に甲子園に行くことを夢見るだろう。甲子園が野球の聖地といわれる所以もそこにある。

甲子園でプレーすることを特別だと感じている選手は、タイガース以外にもたくさんいる。かつて高校球児だったころに目指していた舞台は、やはり輝いているのだろうと思う。

特に、甲子園でプレーする機会があまりないパ・リーグの選手の中には、オープン戦で自ら「登板したい」とコーチに進言する投手もいるらしい。登板の機会が与えられなくとも、ピッチャーマウンドに立ってしみじみと景色を楽しむ投手もいる。そういえば、「土を持って帰ってもいいですか」なんて尋ねられたこともあった。

球場としては、歴史も、注目度も、観客動員数も、甲子園の右に出るものはないだろう。日本一だと認められている職場だからこそ、私たちも日本一の技を発揮しなければならないということになる。

土と天然芝の意味

実は、野球の聖地であること以外にも、甲子園には特別な点がある。

日本プロ野球のチーム本拠地球場として、内野が全域土で外野が天然芝という球場は、甲子園のほかにないのだ。改めて意識されることは少ないが、実は内野が土で外野が天然芝という球場だからこそ、プロ野球と高校野球両方の舞台になることができる。

土と天然芝の甲子園球場

かつて日本では、この形式の球場が最も多かった。ところが、土と天然芝は管理が大変だというので、多くの球場が内外野ともに人工芝に変わっていったという経緯がある。

ただ、人工芝は、管理がしやすくてイレギュラーバウンドも少なくなるとはいえ、選手の足への負担が大きい。スライディングしたときに、摩擦などによってけがをすることもある。

だから、甲子園も外野はずっと天然芝だ。最近日本では、人工芝の危険性を考慮して、アメリカのメジャーリーグにならう球場も出てきている。ピッチャーマウンドとランニングゾーンを除く内外野をすべて天然芝にするのだ。見た目も美しく、選手にも優しいグラウンド、ということだろう。

以前甲子園でも、内外野総天然芝計画が持ち上がったことはある。外野だけでなく、内野も天然芝にしようというのだ。

ただ、それは実現不可能だった。内野に天然芝を敷くと、試合をするたびに芝が極度に傷むのだ。

外野は天然芝でもそれほど傷まない。外野まで到達する打球はたいてい失速しているし、そもそも外野に入る選手の数は限られているからだ。

ところが、内野は勢いのあるボールがバウンドを繰り返し、足を踏み入れる選手の数も多い。全域がボールと選手の通り道になるので、内野が天然芝だとあっという間に傷だらけになってしまう。これでは、試合数を制限してでも、内野の天然芝の管理に全力を注がなければならなくなる。

甲子園が阪神タイガースの本拠地というだけなら、この計画は実現したかもしれない。でも、甲子園は高校野球の舞台だ。期間中は毎日試合があり、1日に4試合行われることもある。1試合ごとに内野の芝が荒れ果ててしまうのであれば、大会自体、開催できるかどうかわからない。

内野が土であれば、複数の試合が毎日行われるとしても、その都度整備によって荒れた部分を回復できる。もちろん、人工芝に比べて管理の手間はかかるし、天候の影響を大きく受ける。それでも、私たちが培ってきた技術を用いれば、選手の足を支えるグラウンドが用意できる。

これが、甲子園が土と天然芝の球場でなければならない理由だ。阪神園芸のグラウンドキーパーにとっては、プロ野球唯一の土と天然芝のグラウンドを、最大限に生かすのが仕事ということになる。そういった意味で、他球場にはない、特別な技術を持っているといえるだろう。

では、実際に私たちはグラウンドでどんなことをしているのだろうか。次章では、阪神園芸グラウンドキーパーの仕事の中身をお見せしたいと思う。一見地味な作業の中にも、こだわりがある。水浸しのグラウンドを短時間で回復させることができるのも、一年を通しての積み重ねがあるからなのだ。

第2章

「神整備」は一年がかり

土は生き物

なぜ雨が引きやすいのか

グラウンドは生きている。

そう思うところから、グラウンド整備は始まっている。

芝だけではない。土も生き物だ。最もボールと選手の行き交う甲子園球場の内野の土は、環境を整え、ちゃんと育ててやれば、よいグラウンドになる。

私たちにとってよいグラウンドとは、「水はけがよく、水持ちがよく、弾力がある」グラウンドのことだ。この三拍子がそろって初めて、満足のいくグラウンドになる。

水はけとは、簡単にいえば排水能力のことだ。

たとえば、雨の日、土がむき出しになっている場所を想像してもらいたい。水はけのよいところであれば、雨が上がればすぐ、水たまりは跡形もなく引いてしまう。逆に水はけの悪いところだと、いつまでも表面の水が引かず、どうにもこうにもぬかるんだままだ。

　球場でも同じだ。グラウンドの水はけがよければ、雨上がりでも瞬く間に水は引き、試合はやりやすくなる。選手がぬかるみに足を取られて転倒したり、ボールが水たまりにはまって止まってしまったりすることを避けられるだろう。


　甲子園のグラウンドは水はけがよいと言ってもらえることが多い。それは、グラウンドの勾配に関係している。

　実は、野球場のグラウンドは平らではない。ピッチャーマウンドを頂点として、内外野を囲むフェンスに向かって勾配が取られている。だからどうしたと思われそうだが、この勾配を常にほぼ一定に保っていることが、甲子園のグラウンドの表面排水を効率化している。降った雨が頂から麓へと均等に流れ、一つのところに留まらないようになっている。これが、グラウンドの水はけのよさの正体だ。

水の含みしろが肝心

どれだけ多くの水を含むことができるかという、吸水・保水能力を水持ちという。水持ちのよいグラウンドには、水が入り込めるだけの軟らかさと、水を含んでおけるだけの深さがある。

たとえば、もし土があまりにも硬くなってしまっていたら、水は簡単には浸透しない。コンクリートに水を当ててもほとんどしみていかないのと同じだ。水を入り込ませるためには、土がある程度軟らかい必要がある。

同じ適度な軟らかさを持った土でも、深さ3センチと10センチでは、貯めておける水の量は違ってくる。深ければ深いほど、たくさん水を吸い、含んでおけるだろう。水を含んでおける量、それを私たちは「水の含みしろ」と呼んでいる。これが肝心だ。

この「水の含みしろ」がほとんどないグラウンドは結構多い。そのようなグラウンドでは、土の深さが30センチあったとしても、軟らかく水を含めるのは表面の3センチ程度だけで、その下はコンクリートのように固まった「不透水層」になっていたりする。これでは、雨が降るとあっという間に土の水分は飽和状態になってしまう。

甲子園のグラウンドでは、土をできるだけ頻繁に掘り返している。そうすることで、不透水層ができないようにしているのだ。おかげで、雨が降り続けても、ある程度はその雨を吸い込んで保っていられるグラウンドになっている。

水持ちのよさは、晴れの日にも効力を発揮してくれる。土がカラカラに乾いていれば、地面が硬くなって打球の速度が上がり、守りに影響が出るだろう。また、ほんの少しの動きで土埃が舞い、選手に危険が及ぶ。

そこで、グラウンドに散水をするのだ。ところが、もし水の含みしろがほとんどなければ、水は表面にしか浸透せず、瞬く間に乾いてしまう。

深くまで水が浸透してこそ、乾きにくいグラウンドができてくるのである。

イレギュラーバウンドが少ない理由

甲子園のグラウンドを「日本一イレギュラーバウンドが少ない」と評価してくれる人がいる。

イレギュラーバウンドとは、ボールがグラウンドに接触したとき、通常とは異なる方向にはねることを指す。これは、平らなところで起こったりはしない。スパイク跡などのほんの少しのでこぼこが、ボールのはね方に影響する。だとすれば、どの球場も同じだけイレギュラーバウンドのリスクを抱えていることになる。

ではなぜ、甲子園のイレギュラーバウンドは少ないのか。それは、厚みを持った土の弾力性に秘密がある。

たとえば、コンクリートの上に深さ3センチ分の土が敷いてあり、その上で何試合も行われたグラウンドを想像してほしい。グラウンドは選手の足によって踏みしめられ、硬くなっているだろう。そのように固まったグラウンドだと、スパイクで荒らされた穴にボールが当たれば、予想もしない方向にバウンドしてしまう。

ところが、深さ30センチ分の土が敷かれている、まっさらなグラウンドでプレーするとき、ボールがイレギュラーなはね方をすることはほとんどない。スパイク跡にボールが当たっても、30センチ分の弾力を持った土が衝撃を吸収するからだ。これが、甲子園のグラウンドでイレギュラーバウンドが少ない理由になっている。

ただ、単にボールの衝撃を吸収するような軟らかい土が表面にあればいいのかというと、そういうことでもない。

軟らかいだけのグラウンドは、走りにくい。これでは「選手の邪魔をする」グラウンドになってしまう。走りやすい硬さと、イレギュラーが起きない弾力性という、2つの相反した条件を満たさなければ、よいグラウンドとはいえない。

そこで、甲子園のグラウンドでは、表面にある深さ2、3センチの土を走りやすい硬さに固め、その下に20~25センチ分、弾力を持つ土を敷きつめてある。土に30センチという十分な厚みがあるからこそ、イレギュラーバウンドも少なくなるというわけだ。

土の色がバロメーター

私たちはふだん、足で踏んだ感覚を頼りに、土の状態を見極める。

ただ、甲子園のグラウンドは、土の黒さでコンディションがわかることがある。土が黒ければ黒いほど、整備が行き届いているグラウンドなのだ。

甲子園のグラウンドの土は、黒土と砂がまざったものだ。雨が降ったり私たちが散水作業をすると、黒土の方が砂より細かいために、水で黒土が砂の下に潜り込み、反

土を踏んでいくコートローラー

対に砂が浮いてくる。砂が表面にあると、軟らかくはなるが、同時にしめ固めにくくなる。表面で水を含みにくいため、晴れた日にはすぐ乾いてしまうのが問題になる。

そこで、整備のたびに、1、2センチ土を起こして元に戻すということを行っている。潜っている黒土を、表に出してやるのだ。これだけで、グラウンドの土の色が、鮮やかに黒くなる。黒土がしっかりと表に出ているのは、グラウンドの水はけと水持ちが回復した証拠ということだ。

ところが、数年間、毎日数センチを掘り起こし続けるだけでは、グラウンドはよい状態を保てない。掘り起こした表面の土を固めるために、毎日ローラーという機械で踏んでいくのだが、このとき、表面の土だけでなくその下の土も固まっていってしまうからだ。

しかも、黒土は固まりやすいので、一度下に潜っていってしまえば、なかなか表面に戻してやることができない。下で固まった黒土は、水を通さない不透水層を作り、グラウンド表面では砂の割合が多くなって黒さは薄くなっていく。これは水はけや水持ち、弾力性が落ちているサインだ。

そこで、私たちは、1、2月にグラウンドの天地返しを行う。毎日の整備に加えてこの天地返しが、その一年のグラウンドの出来を決めるといっても過言ではないだろう。

決め手の天地返し

天地返しとは、砂と黒土のバランスを、根本から改良する作業のことだ。年に1回のこの作業がうまくいくかどうかで、その年のグラウンドのクオリティーはだいたい決まってしまう。

先ほども述べたように、グラウンドでは毎日少しずつ砂が浮き、黒土が下に沈んで固まっていく。1、2センチの掘り起こしをしていてもだ。

そのようなグラウンドを、毎年、シーズンオフの1月から2月にかけて天地返しで回復させる。グラウンドの土の深さはだいたい30センチだが、全域を25センチ前後の深さまで耕すのだ。土を空気に触れさせ、黒土と砂の配分を元の状態に戻してやる。

さすがにこれは手作業ではなく、耕運機を使う。耕運機が通ったあとは、甲子園で畑作が始まるのかと思われても仕方がないような状態になる。

ただ、この掘り起こし自体は難しい作業ではない。ここまでならだれでもできるだろう。肝心なのは、掘り起こされて膨らんだ土を、いつ、どう戻すかだ。

雨降って地固まる

耕運機で土を耕してからは持久戦だ。

掘り起こした土をほどよく固めていくのに、最適なのは雨だからだ。文字通り、「雨降って地固まる」なのである。

1、2月は、雨量が比較的少ない。だから、雨を待つ。待つのも仕事のうちと覚悟して、ただ待つ。

ようやくまとまった雨が降るときがある。ここからが勝負どころだ。グラウンドを固める絶好のタイミングを逃してしまえば、その年のグラウンドは潰れてしまう。

グラウンドを固めるのは、まとまった雨で土が水分を含み、少しずつ蒸発していくある瞬間。降った雨の量と、蒸発している量を日々計算してタイミングをはかる。

たとえば、降った雨の量が少なければ、均一に水分を含んでいるので、翌日に手を入れようか、となる。ところが、雨の量が多ければ、次の日晴れていてもグラウンドをさわることはできない。水分が多いときに土を踏むとベチャベチャになり、それが乾いてしまうと、水はけが極端に悪くなる。

2日後には作業に入れるだろうか、3日後だろうか……。そのタイミングはもちろん、計測器で測ったりはできない。勘だ。足で土を踏んだ感覚だけを頼りに見極める。

ただ、気温が低いせいで、いつまでたっても水分が蒸発してくれないことがある。しかも、日が傾いてグラウンドの一部でも陰ってしまえば、作業はできない。陰のできた部分だけ、底の部分で水が多く残ったりするからだ。タイミングをうまく見計ったところで、作業できる時間は限られている。3日後が固めるのに最適なタイミングだと判断しても、その日に雨が降るなんてこともよくある。

だが、実はそれでもよいのだ。雨に任せておけば、よいグラウンドに仕上げてくれる。

このとき、あせって土をいじってしまうと、逆に失敗してしまう。実際にそれで失敗したことだってある。この時期はひたすら我慢だ。

固めるときにも細心の注意が必要になる。「振動ローラー」のような大きな機械でやってしまってはいけない。大きな機械で一気に固めてしまうと、土の保水力が弱まる。長い時間をかけて「コートローラー」のような小さな機械で固めていく。

しかも、先ほど述べたように、ピッチャーマウンドを頂点にした勾配を計算しながら、グラウンドを整えていく必要がある。この勾配をつくらなければ、水はけのよさは生まれない。ただ単に平らにならせばよいというわけではないのだ。

土を固めていくとき、土の中には余分な水分が残っている。まだ底の部分は軟らかく、スパイクの跡は深く残りやすい。

グラウンドの土の、水の含み具合がよくなっていくには、気温の上昇が欠かせない。最高気温が15℃を越え始めると、グラウンドがほどよい水分量になってくる。雨が降ったあとでも、ある程度水分が蒸発してくれるようになるのだ。この段階になって、やっとグラウンドができあがったといえる。一息つける瞬間だ。

この1月から2月にかけての土の掘り起こしと、持久戦のような作業は、必ず毎年行っている。この作業で、水はけがよく保水力があるという一見矛盾するグラウンド、じゅうたんのような弾力のあるグラウンドが作れるのである。

年によって変わるグラウンド

実は、2017年のクライマックスシリーズのファーストステージで、雨にぬれたグラウンドの整備がうまくいったのは、1、2月の天地返しが、効果的に働いたからだ。

ただ、グラウンドの性格は毎年変わる。1、2月の天気が違ってくるからだ。

たとえば、ある年は、1、2月にとても寒い日が多く、グラウンドが凍る日もあった。凍るといっても、もともと甲子園がある西宮市は寒冷地ではないので、凍てつくというところまではいかない。グラウンドの表面が凍るだけである。

凍るときはたいてい、夜中の天気がよい。あくる朝も晴れている。そうすると、表面の氷が昼前には完全に溶けてしまう。これで、グラウンドの水分が多すぎて、作業に向かない状態になるというわけだ。

ただ、その年の天候に合わせた最高のグラウンドは毎年用意できていると思っている。それは今、阪神タイガースが、1、2月に私たちの整備作業を優先してくれているからだ。

昔は、1月中旬から甲子園での練習が始まっていた。しかし今、選手たちは、私たちが甲子園で天地返しをしている間、自主トレで地方に行ったり、鳴尾浜球場で練習している。私たちの作業を優先してくれているのが一番ありがたい。

土を捨てないで

「もう古くなってきたから、土を入れ替えました」

こんなことをほかの球場の人から聞くと、「なんてもったいない！」と思ってしまう。

「一言声かけてくれたらよかったのに、なんで相談してくれへんねん」

と、お節介ながら悔しい思いをする。

実は、他球場関係者の中には、天地返しをするという発想がない人もいる。グラウンドの土の状態が悪くなってきたら、土を新しくすればいいというのだ。

でも、球場の土を全部新しく購入するというのは、今ある土を処分するということだ。土の購入代、入れ替えた土の処分に要するお金、それらをトータルすれば、何千万とかかるはず。もし、私たちが行って、天地返しで「リニューアル」をさせてもらったとしたら、はるかに安く早く済んだだろう。

天地返しをすれば、土の構成内容は同じでも、新しいグラウンドになる。下で固まっていたものが砕かれて表面に上がってくるだけで、土はびっくりするくらい生き返る。

そもそも、「新品の土ってどういう土やねん」という話である。どんな土であっても、畑のようなところで堆積しているわけだから、ずっと前の土なのだ。新しく買っただけであって、昨日できた土ではないだろう。

決して商売っ気を出しているわけではない。ただ、天地返しという技術を駆使すればよいのに、お金の投入で「きれいになりました」と堂々と言われると、捨てられた土のことを思って、なんだかむなしい気持ちになる。

1世紀前の土を生かす

甲子園の土は、長年、ほぼ同じ土をそのまま使っている。

グラウンドキーパーの先輩たちが試行錯誤を重ねながら、野球場にふさわしい土を作り、私たちがそれを継承しているのだ。

多少の補充をすることはあっても、新しい土と完全に取り換えることはない。1月、2月の天地返しがあるからだ。それだけで土は息を吹き返す。

グラウンドの土はたいてい、甲子園ボウルの終了した12月に補充する。毎年補充する量はもちろん変わる。雨が多かった年、今年はよく流れたなあという年には新しい土を多めに入れる。それでも、全部の土を入れ替えたことはない。

ただし、甲子園球場から土をすべて外に出すということは、過去に何度か行われた。

私が入社してから、確か3回は外に出したはずだ。

外に出す作業は、言うまでもなく天地返しよりも大変な作業になる。

なんのためにこのようなことをするのかというと、下地の作り替えである。

一番下にはぐり石と呼ばれる大きな石が敷かれている。その上には、砕かれた小さい石が並べられ、さらにその上には火山の砂利などが敷かれている。一番上が土で、黒土と砂がまぜられた状態。これが甲子園の土壌の構造だ。

こうした構造の、下の層の部分をきれいに整えるために、土全部を外へ出すわけだ。処分するものは何もない。すべて再利用する。ただ、まざった状態を整えるために、ふるいにかけながら戻していく必要がある。ふるいにかけるときに、土のロスが出るから、新しく購入した土を少しだけ追加する。

いずれにせよ、甲子園の土はすべて入れ替えられることはない。何度も何度も天地返しをして、働いてもらっている土だ。開

甲子園球場の土層模型（甲子園歴史館蔵）

場当初からの土、つまり1世紀ほど前の土も、現役で活躍しているはずである。

外に出した土を戻していく（写真提供：阪神園芸）

土はぬか床のようなもの

私は、土はぬか床のようなものだと思っている。1世紀ほど前から、代々受け継がれてきたぬか床。天地返しはぬか床をかきまぜているイメージだ。土を少しずつ加えていくのは、慎重にぬかを足していく感覚に似ていると思う。

ほかの球場でも、土は足しているだろう。ただ、グラウンドの表面のことしか考えられていないことが多い。

たとえば、ここは低くなっていて水がたまりやすいからと言って土を追加する。ところが、低いところに土を追加するだけだと、使っていくうちにその周辺はまた高くなる。土は消えてなくなるわけではなく、周りに移動するだけだからだ。何度も高低差をなくそうとして、どんどん土を上へ積み重ねていく。ぬか床のぬかが減ってきたと言って、ひたすら足している状態である。

でも、ぬか床はぬかを足すことよりもむしろ、定期的にまぜることの方が大事だ。そうやって、中の成分を均等に保てるようにする。

グラウンドも同じ。ただ、グラウンドは一人の手でまぜようもない。だから、グラウンドキーパーが集まって、機械の手も借りながら、掘り起こしている。それだけの違いだ。

土が生きているというのは、こういうことだと思う。

ちゃんと手をかけて育ててやれば、水はけも水持ちもよい、弾力のあるグラウンドになる。どんな天候でも柔軟に対応できるグラウンドになってくれるのだ。

クオリティーを保つ秘訣

最大のミッション、トンボがけ

私たちグラウンドキーパーにとって、トンボはこの上なく大切な道具だ。トンボの使い方一つで、グラウンドの仕上がり具合は大きく違ってくる。どれだけその年の土の状態がよくても、下手なトンボがけをすればイレギュラーバウンドも起こりやすくなる。それは甲子園に限ったことではなく、どこのグラウンドでも同じだ。

では、トンボの使い方の上手い下手、その差はどこからくるのか。

試合や練習が進むにつれて、土が荒れるところが必然的に出てくる。穴のように、土が凹《へこ》むところもある。そうした凹んだ部分の土は、周りに動いてしまっているということだから、移動先から土を持ってくる必要がある。ただ単に穴を埋めるようなトンボがけではいけないのだ。

たとえば、セカンドベースの周辺に凹みができていたとする。それをならすために、トンボでピッチャーマウンド側から土を寄せる、これは間違いだ。ピッチャーマウンドを頂点に、内外野のフェンスに向かって傾斜があるのを忘れてはいけない。セカンドベースの凹みは修復できるが、ピッチャーマウンドの後ろの方は土が減り、傾斜は損なわれることになってしまう。

すべり込みの多い塁だと、動く土の量も増える。傾斜を維持したまま、ベースの周りをならしていくためには、全体をよく見ながら、どこから土を寄せていくかを考える必要がある。

各自のトンボを大切に使う

土の動き方を計算したトンボがけ

こういう作業は、何度もトンボをかけているうちに習得されていくもので、一朝一夕でできるようにはならない。

試合途中の整備なら、凹んだ部分の土だけを、とりあえずならすことを優先する。試合が終わったあとにはじめて、勾配を意識した整備を行うのだ。

「ラインがきれい」の真相

個人的な話になるが、娘が幼稚園生だったころ、運動会でラインを引いてほしいと頼まれたことがある。「すんません」と私は断った。

なぜか。それは、ラインをまっすぐ引けるかどうかは土次第だからだ。当たり前だが、土が歪んでいるところで、なんのガイドもなくまっすぐ引けるわけはない。

球場のグラウンドでは、ピッチャーマウンドを頂点として勾配があるために、雨が放射線状に流れる。その水の通り道が、ライン上のでこぼこを生んでしまう。

そこで私たちはラインを引くべき場所に、まず水糸という糸を張る。この作業で、ライン上にあるでこぼこがわかるようになる。これを直すことによってはじめて、ライン引きがまっすぐできるようになるのだ。

甲子園でラインが歪むといっても、一般の人にわかるほどではない。しかも、ラインが多少歪んでいたからといって、ゴルフボールが転がるわけではないので、プレーに大きな影響が出るということもない。

ただ、目ざとい選手は

「今日、ラインちょっと歪んでますね」

などと見抜いたりする。中身もそうだが、外見も美しく仕上げなければと心に刻む瞬間だ。

グラウンドにでこぼこがなければ、ラインを引くこと自体にそれほど技術は必要ない。今では、ラインを引く機材が整っているのも理由の一つだ。

ただ、昔は、大きなバケツの中で石灰を水で溶き、これをじょうろに入れてラインを引くという、原始的なことをしていた。昔といっても、2007年あたりまでこの方法でやっていたような気がする。まるで酒屋の杜氏《とうじ》だ。

石灰を水で溶くときは、大きな杓で垂れ具合を見ながら水加減を調整。石灰と水がそれぞれ何リットルと決まっているわけではなく、完全に目分量だ。水が少ないと、石灰が固まりすぎてラインを引いたときに土の上で割れてしまう。逆に水が多くなると、薄くてラインが見えにくくなる。

ちょうどよい加減に溶かした石灰水を別の小さめのバケツに入れて、前後から2人で担いでグラウンドへ運ぶ。このバケツがまたどうしようもなく重かった。

今は、宮古島のサンゴを砕いた粉を使ってラインを引いている。だいぶ楽な作業になったので、グラウンドキーパーたちの覚えも早い。最初は、コーチャーズボックスなど短い場所から始めるのだが、勘がよければ数日でできるようになる。

芝は二毛作

甲子園球場のグラウンドの芝生、これも甲子園の顔の一つだ。一年中緑がきれいだとほめてもらえることも多い。

ただ、芝は1種類ではないということは、あまり知られていないかもしれない。

甲子園の芝には、冬芝と夏芝がある。冬芝は一年草で、夏には消え、毎年10月ごろに種まきをする。種をまくだけで伸びてくるのが冬芝だ。一方夏芝は、ベースになる多年草である。冬芝が元気な時期になると、休眠期を迎える。

私たちは、甲子園で冬芝と夏芝の二毛作をしているという言い方をするが、それはこうした季節の変化で、芝のローテーションを作っていることを指している。

冬芝は、「冬」と言いながら、冬の間はほとんど伸びない。20℃から25℃ぐらいの暖かさを好み、3月あたりから伸び始める。30℃を超える季節が到来するまでの期間が、一番元気だ。

逆に、夏芝は暑くなってくると動き出す。青々としてくるのである。春の選抜高校野球のころからしばらくの間は冬芝が元気なので、その下にある夏芝には太陽の光が当たらない。いわば眠っている状態だ。

そして5月ごろ、冬芝をすく作業をする。冬芝はだんだん弱っていき、密集したところに隙間ができる。こうなると、夏芝の出番だ。太陽光も当たり、いよいよ活発に青々と伸び始める。

冬芝よりも夏芝の方が管理は難しい。冬芝がいつまでも元気でいれば、夏芝の活動が活発になるのを妨げる。そのまま冬芝の世話を続けていて、急に冬芝が衰弱する時期を迎えると、冬芝が密集しているところがすべて茶色のままという状態になってしまう。

梅雨が明けた7月、冬芝と夏芝のせめぎ合いの時期の世話が一番大変だ。

甲子園の芝のゾーンは約9千平方メートル。私たちがどれだけ一生懸命世話をしても、芝に元気がなかったり、回復が遅れていたりするところは、どうしても出てくる。そういう場所には、肥料を足したり手を加えたりしなければならない。場合によっては芝の張り替えを一部に施すときもある。

最近のテレビ画面の解像度がすばらしいことが、私たちにとっては少しプレッシャーになっている。カメラがズームアップすると、芝の生え具合も色目の良し悪しも、ことごとく克明に映し出してしまうからだ。

芝生の中に生える雑草のたぐいも、カメラはしっかりととらえる。

町中で古い家が解体されて、更地になった土地。はじめは土だけがむき出しになっているが、しばらくするとセイタカアワダチソウのような生命力のある草が芽吹いて、雑草が一面に生えた土地に変わってしまう。もちろん、だれかがそこに雑草の種をまいたのではない。風に乗ってどこからか種が飛んできて、次々と根づいたのだ。

それは甲子園球場でも同じ。グラウンドを囲む大きなスタンドが風よけになってはいるが、春先にはいろいろな植物の種子が風に乗って球場の中にやって来ることが少なくない。そんな雑草もこまめに取り除く必要がある。気を抜く暇もない。

もちろん、テレビで野球を観戦している人たちの関心事は、阪神タイガースの試合展開であり、選手たちの活躍だけだろう。芝生や雑草に興味がある人など、数のうちに入らないに違いない。

ただ、たとえ瞬間的にしか映らなくても、甲子園の芝はいつでもきれいだと思ってもらいたい。そんなこだわりから、毎日せっせと芝の手入れをしている。

散水は3年かけて一人前

甲子園のグラウンド整備では、土の部分や芝生に水をまく、散水作業が不可欠だ。まく水の大半が井戸水である。貯水した雨水も使う。水道水は使わない。これが、意外なところで甲子園の強みになっている。

グラウンドで散水する量はほぼ決まっていて、1回あたり、2トンから3トン。夏場、芝生に散水する際に使う水の量は、1回あたり約15トンにもなる。これらの水の量を水道水でまかなうとなると、膨大な水道代になるところだ。井戸水を利用できることで、かなりの経費削減になっている。

甲子園がある土地は、昔は枝川と申川という2つの川に挟まれた砂地だったという。その関係で伏流水の水みちがあるらしい。私は長年、甲子園で仕事をしてきているが、井戸水が枯れたことはまだ一度もない。


この散水の作業で、最も大切なことは、土の水加減を見極められるかどうかだ。

私はよく、「泥団子」が作れるくらいの土が理想だという話をする。子どものころ、公園や園庭で遊びながら作るあれだ。水をなかなか通さない土は、思うような形に固めることができない。水持ちが悪ければ、すぐに水がしみ出してきてベチャベチャになり、丸められない。泥団子がうまくできるのは、水はけがよく、保水力と弾力のある土なのだ。

水加減の根本は、1、2月の掘り起こしから徐々にグラウンドを仕上げていくプロセスと密接につながっている。掘り起こしたあと、雨の力を利用して、ゆっくりとグラウンドを固めていく。保水力のある、それでいて水はけがよい状態に持っていくためだ。その作業を入念に行わないと、その年のグラウンドは死んでしまう。

根本のところをしっかり作っておいて、シーズン中の整備でも、水加減に注意を傾ける。土に含まれている水の量の判断が常に求められる。おかしな言い方に聞こえるかもしれないが、上手に水をまくコツも土作りにある、というのが甲子園での散水というわけだ。

グラウンドの水加減は、土をその日の最適な硬さに仕上げていくときに重要になる。ピッチャーマウンドやバッターボックスなどは、じょうろで水を入れ、加減を考えながら、固めていく。

散水をする際も、すでにどれだけ土が水分を含んでいるかを見極める。そうすると、どれぐらい散水すれば水が浮き出てくるかがわかる。

特に、雨上がりのあとの整備の仕方には注意を払う。ベースとなるのは、雨が上がった時点でグラウンドに含まれている水分量だ。今グラウンドにどれぐらい水が含まれているか、このあとはどんな天気になるかを考慮し、散水の量を調節する。風が強く吹いているから乾きが早いだろう、気温が何℃だからなかなか乾かないだろう、晴れてきて空気が乾燥し始めるから早く乾くだろう、などといろいろな条件を意識しながら作業をする。

そのような見極めについては、ほとんど勘を働かせる世界。足で踏んだ感触から、計算していく。

そういう意味では、この水加減は料理に似ているところがある。料理本や食材の説明書には、調味料や水が何cc、大さじ何杯などと書かれているが、プロの料理人はそうしたマニュアルを見ながらではなく、長年の勘で味付けをして、おいしい料理を提供する。グラウンドキーパーの水加減は、それに近い。

私たちは、何食わぬ顔でホースでの散水をしているから、一見楽な作業に見えるかもしれない。以前、ある選手が冗談で「散水、やらせて下さい」と言ってきたので、ホースを持ってもらったら、ホースが大きなヘビのように暴れ出した。体格の良さや筋力の問題というよりも、作業自体にコツがあるのだ。

散水するとき、ホースは決して重くはない。ただ、水圧が強いため、制御するのが大変になる。

ホースから出る水の水圧は調節できるから、散水作業に慣れていない場合は水圧を弱くして、ゆっくりと水を出したくなるだろう。

ところが、散水に慣れてくるにつれて、水圧が弱ければ水をまきにくいということがわかってくる。水の粒に大小ができて、水の飛び方にムラができるからだ。水圧がある程度強ければ、水は等しく霧状になり、落ち方も一定になる。

水圧が強い場合は、ただ力があれば問題ない、というわけではない。その水圧に慣れるための、体重のかけ方がある。体重を少し前にかけてバランスを取る、これを体で覚える。そうすると、あまり腕の力がなくてもホースを操れるようになる。

散水作業は水圧のコントロールが肝心

まくときの角度も、散水の上手い下手に関係してくる。上に向かせると水の粒が小さくなりすぎ、逆にホースが下を向くと水が一ケ所にたまりやすくなる。風の強さや向きによるので、何度と決まってはいなくても、いつも最適な角度で水粒の大きさを読みながら散水する必要がある。

距離をつかむ感覚も重要だ。水は、グラウンド全体にかけたい。ただ、観客のいるスタンドや人の出入りする人工芝のゾーンにはかけたくない。境目を狙って散水するのは、なかなか難しい。

ホースはたいてい5、6人ほどで持っているが、散水作業の要である一番手になるためには、3年はかかる。ただ、それ以外

ホースを引きずらないように5、6人で作業

の後ろの人たちは、単にホースを引きずらないために動員されているだけなのだが。

甲子園限定の天気読み?

甲子園は、天候の影響を受ける球場だ。特に、試合の中断・中止などは、雨に振り回される。

私たちはまず、天気予報をこまめにチェックする。またインターネットも、局地的な情報を知るために活用している。

そうした、だれかほかの人が調査して伝えてくれる情報もありがたいのだが、自分の目で雨雲の動きを見たり、風の向きを感じることが重要な局面ももちろんある。

以前は、気象予報の精度が今ほど高くなかったから、天気読みにやたらと強い人の話は貴重だった。特に、甲子園のグラウンド整備の礎を築いた伝説のグラウンドキーパー、藤本《ふじもと》治《じ》一郎《いちろう》さんは、雨を的確に読む人だった。

たとえば、甲子園に代々伝わる夏の夕立の話は、今でも役立っている。

北の六甲山あたりでわいた雲は、甲子園でそのまま大きな雨を降らせることはない。雲が甲子園にたどり着くまでには結構な距離があり、その間でほとんどの雨を降り落として来るからだ。神戸ではたくさん雨が降っても、甲子園ではそれほど降らないということがよく起こる。

逆に、南大阪でわいた雨雲は、土砂降りになることがある。雲が大阪湾の上を通るときにたっぷり水を吸収し、それを甲子園付近でぶちまけるのだ。毎年あるわけではないが、一時間に何十ミリという雨になるから、試合が行われている場合は絶対中断だ。いずれの場合も、最終的には風向きが、甲子園に雨雲がたどり着くかどうかの判断になる。

局地的な天気は、気象予報よりも農家に尋ねた方が正確だったりする。それと同じように、甲子園の天候を読むことに関しては、私たちは気象予報士並み、と言えるくらいになりたいものだ。もちろん、天気に１００％はないのだが。

グラウンドはオーダーメイド

選手優先のグラウンド

私たちが一年間の整備スケジュールの中で心がけているのは、できるだけグラウンドでの選手たちの練習を優先するということだ。

当たり前だろうと思われるかもしれないが、なかなか難しいこともある。グラウンドのコンディションによっては、選手たちに足を踏み入れてほしくないことだって、やはり出てきてしまう。

かつては阪神タイガースの合同自主トレが、甲子園で1月に行われていた。そのため、グラウンドの天地返しを始めるのは2月。今よりも約1ヶ月期間が短い。その代わり、グラウンドの掘り起こし期間中は、雨が降れば練習には使用しないで下さいと強くお願いしていた。特に3月はそのことを徹底させてもらっていたと思う。

チームにとっては、それは酷なことだったはずだ。当時は今のような大きな室内練習場や鳴尾浜の二軍練習場はなかった。オープン戦が始まるまでの期間、選手たちが練習する環境が整っていたとは言い難い状況だったのだ。

今では、1月からじっくりと時間をかけてグラウンドの掘り起こしから整備をさせてもらっていることもあり、3月には本格的に練習ができるようにしている。


シーズン中も、チーム優先、練習優先のグラウンド整備をするようになっている。年間の試合数も増加し、野球のレベルも確実に上がってきているからだ。

昔なら、雨が降れば練習は即中止という判断だった。今は天候条件がよくない中でも、可能な限り練習をしてもらう。試合の場合も同様、という考え方だ。

雨が降ればグラウンドには一切立ち入らないように、とお願いすることはない。状況を見ながら、コーチ陣と相談しながら、グラウンドのどの部分でどのような練習なら可能かをつめていく。

阪神タイガースの選手たちの練習量自体も増えている。それはキャンプなどに同行させてもらって確実に感じるところだ。現在の金本知憲《かねもとともあき》監督の方針も影響していると思うが、みんな本当に頑張っている。

選手たちが練習したがっているのに、もしグラウンドが使えない時間が多くなるとしたら、それは私たちグラウンドキーパーの努力不足だ。甲子園がドーム型の球場ではない分、天候に左右されるというハンディーは確かにある。しかし、それを整備が不十分なことの言い訳にはしたくない。

私たちが朝早めから仕事に取りかかったり、試合終了後、夜間の作業を増やしたりすることで対応できるなら、そうするように心がけている。

甲子園はタイガースに有利なのか

試合のためにグラウンドを整備するときも、選手がプレーしやすいことを意識する。ただ、昔の選手たちが気に入っていたグラウンドが、今の選手にも受け入れられるかというと、そうではない。グラウンドの好みにも時代で変遷があるのだ。

たとえば、今芝生はだいたい15ミリ程度に刈りそろえているが、8ミリの時代もあった。阪神タイガースで新庄剛志《しんじょうつよし》さん、亀山努《かめやまつとむ》さん、八木裕《やぎひろし》さんといった外野陣が活躍していたところだ。芝が短いと、ボールはより転がりやすく、打球の速度が上がる。

彼らの脚力や守備力に合った長さの芝が、タイガース側のアドバンテージを作り出していた。

土の内野の部分も、変遷がある。現役選手だった掛布雅之《かけふまさゆき》さん、平田勝男《ひらたかつお》さん、和田豊《わだゆたか》さんなどが活躍していたころは、

「もうちょっと軟らかくしてよ」

と直接言われたりもしたので、今よりかなり軟らかめになるように仕上げていた。

反対に、外国人選手の中には、内野の土を軟らかくするのを嫌う人が多かったように思う。サードを守っていたオマリー選手、ファーストにいたブラゼル選手などは、どちらも硬くするようにという要望だった。

海外では甲子園のような土の内野グラウンドは珍しい。たとえばアメリカでは、メジャーリーグの本拠地球場で内野を土にしているところはない。マイナーリーグなどで使われている球場には、内野が土のグラウンドもあるようだが、白く乾いた土を使うのが一般的だ。甲子園の軟らかい黒土の内野グラウンドに違和感を覚える外国人選手が多かった理由だろう。

一方、今も活躍する鳥谷敬《とりたにたかし》選手からは、内野の土については特に要望を受けたことがない。まさに「弘法筆を選ばず」を地でいくような感じで、

「だって、グラウンドは選べないでしょ」

と、どこの球場でもしっかり守るという態度を崩さなかった。

ある年のキャンプで、ノックを受けているとき、若い選手がイレギュラーバウンドのボールを取り損ねたことがあった。その選手が、

「グラウンドが、ちょっと軟らかいので……」

と言ったのを聞いた鳥谷選手は、

「お前、グラウンド選べるのか？　どんなグラウンドでも捕らないとダメだ」

と忠告したのだ。

もちろん、軽い冗談のようなやり取りだったが、私たちが仕上げたグラウンドを信じてくれているのが伝わってきて、嬉しかった。

ただ、「鳥谷選手はこういうグラウンドが守りやすいんやろうな」というイメージは、私も持っている。掛布さんが活躍していたころほど軟らかくはないが、あまりに硬いグラウンドは嫌いなはずだ。何も注文をつけられなくても、日々の選手のプレーから、

好みのグラウンドを見つけ出そうと努力はしている。

選手のけがが、整備を変えることもある。たとえば、ベースランニング中に選手が足をけがするようなことがあった場合は、たとえ土が軟らかかったからではないにせよ、少し硬めに仕上げるようにする。

もちろん、内野のラインの中は、不必要に硬く仕上げてしまうと、イレギュラーバウンドが起こりやすくなり、逆にまた選手がけがをする可能性を高めてしまう。

ただ、打球が転がらない場所で、走っているときにけがをした選手がいるのであれば、やはり硬めに仕上げて少しでも足をふんばれるようなグラウンドにしたい。選手にけがをさせないグラウンドが第一なので、整備で対応できる範囲のことはする。

ところで、内野を軟らかめに、硬めにといっても、厳密に土の成分を調べたり計測をしているわけではない。たとえば、表面1センチぐらいにクッションがあるような軟らかめのグラウンド、と表現したりするが、もちろんそんなものを測る機械はない。選手も私たちも、ほとんど足で踏んだときの感覚で言っている。

土をローラーで固めたあと、仕上げのグラウンド整備カーの爪の先でほんの数ミリを掻き起こす。土が含んでいる水分量で、起きやすさが変わる。その上に水をまくと土はしまるのだ。

どれほどの水分を土が持っているか、どれほどの水を足すとどの程度しまるか。水加減を見ながらの作業だ。たとえば、あらかじめ土を少し軟らかめに仕上げておいて、水をまいてしめていく。そうすると、あとで土が乾いてきても、多少のクッションを持たせて仕上げることができる。

ナイトゲームは、グラウンドのクッション性に関してあまり心配することはない。試合前に水をまいたあと、日が陰るので、グラウンドはちょうどよい湿度を保てるのだ。ただ、デーゲームだと、日中で土が乾きやすかったりする。慎重に水加減を計算して作業しなければならない。

さて、阪神タイガースの意見に耳を傾けて整備をするのは不公平ではないかと思われるかもしれない。タイガース側に有利なグラウンドになるのではないのかと。

そこは一応、心配無用だ。たとえば、タイガースの三塁手にとって守りやすいグラウンドは、相手チームの三塁手にとってもたいてい守りやすい。タイガースの走者にとって走りにくければ、相手チームの選手も走塁しにくいだろう。

もちろん、ホームグラウンドに対する慣れということでは、タイガースの選手が使いやすいということもあるかもしれない。

ただ、他チームの選手の要望も、聞き入れるようにしていたりはする。たとえば、中日ドラゴンズで活躍していた立浪和義《たつなみかずよし》選手などは、「三遊間、水多めにお願いしますね」といった言葉をかけてくれていた。タイガースに大きく不利にならない範囲でなら、いつでも喜んで対応する。

盗塁王赤星が誕生したグラウンド

選手の意見に耳を傾けるということでは、赤星憲広《あかほしのりひろ》選手が一番印象的だった。現役時代に5度もセ・リーグの盗塁王に輝くなど、圧倒的な成績を残した選手だ。

2003年のシーズン中のことだが、当時内野守備走塁コーチだった岡田彰布《おかだあきのぶ》さんから、「一塁ランナーがスタートを切る5、6メートルを硬くしてほしい」という要望があった。赤星選手が盗塁をしやすいように、である。

赤星選手は、自身の著書『頭で走る盗塁論　駆け引きという名の心理戦』（朝日新聞出版）で、次のように述べている。

東京ドームやナゴヤドームのように、内野に人工芝を敷いている球場と甲子園球場やマツダスタジアムのように土の球場では、盗塁のしやすさ、走りやすさにおいては天と地ほども違う。

人工芝の球場ではスタートが多少悪くても、走り出してしまえばスピードを上げながら二塁ベースまで行くことができる。しかし土の球場の場合は、二塁までの走塁がずっと土なので、スタートで失敗してしまうとなかなか取り戻せない。

このような、土のグラウンドならではの特性のために、硬くしてほしいという要望が出てきたりもするわけだ。

ところが、そうした岡田コーチの配慮に対して、当の赤星選手ははじめ断っていた。

「一塁手が守りにくかったら申し訳ない」と遠慮していたのである。

ただ、当時のタイガースでは、アリアス選手やシーツ選手といった名手が一塁を守っていた。

「守備力が高い彼らなら、硬いグラウンドでの守りにも対応できるから大丈夫」

というコーチ陣の判断があり、要望は実現した。一塁からの数メートルは、目に見えるぐらいに硬くなったのだ。

赤星選手の体調でグラウンドの硬さが変わっていたこともある。特に、彼がヘルニアを患ってからは、どうしても走れない日が出てきた。そういうとき、赤星選手は「今日は走れそうにないです」と直接声をかけてくれたので、硬めに仕上げるのをやめたりすることもあった。

盗塁王赤星選手を、私たちグラウンドキーパーが誕生させた、などと言う気はさらさらない。それでも、「甲子園のグラウンドはプレーしやすい」と赤星選手が感じてくれていたら、やっぱり嬉しいなあと思う。

マウンドの出来が能見を救った？

選手の意見に耳を傾けるということでは、ピッチャーマウンドも同じだ。

マウンドは、ピッチャーが足を踏み込んで投げる場所で、プロ野球では内野とは別の土を入れる。ピッチャーはそのマウンドの土を掘って、自分が投げやすいような足場を作るのだが、その掘り方はピッチャーによってかなり違う。

たとえば、中継ぎや抑えのピッチャーのマウンドは、その前に何人も投げているので、かなり掘れやすくなっている。それを嫌がるピッチャーもいれば、もっと深く掘って傾斜をつけたいピッチャーもいる。マウンドの掘りやすさ、掘りにくさも、選手によって求める程度が大きく違ってくることがあるのだ。

以前、阪神タイガースで活躍していたジェフ・ウィリアムス選手は、ピッチャーマウンドを掘れにくくしてほしいというリクエストを出してきた。それは彼に限らず、多く外国人ピッチャーに共通の要望だった。

アメリカなどのピッチャーマウンドの土は概ね粘土質なため、投球が進んでもなかなか掘れにくいらしい。ところが、日本のマウンドの土は軟らかく、よく掘れてしまって投げにくいというのだ。

甲子園もその例外ではなかった。当時、甲子園のマウンドに使っていたのは赤土。できるだけ硬めに仕上げようとはしていたが、試合が進むにつれてやはり掘れてきてしまう。

そこで私たちは、ウィリアムス選手の意見を聞きながら、ブルペンなどでありとあらゆる赤土を試した。とにかく掘れにくいピッチャーマウンドを模索する日々が続く。ようやく、「これだ！」という土を見つけ、その土を入れる面積や深さも調節して、「掘れにくいマウンド」にすることができた。ウィリアムス選手が喜んでくれ、投げやすそうにしているのを見るのがなによりだった。

能見篤史《のうみあつし》選手も、マウンドで変わった選手かもしれない。

能見選手は、2004年に阪神タイガースに入団した当初、成績があまりよくなかった。一軍と二軍を行ったり来たりの日々だったように記憶している。

その能見選手とは、私自身個人的にも親しくさせてもらっていて、家族同士で行き来のある間柄だった。

あるとき、能見選手の奥さんが、

「一度、金沢さんに相談してみたら?」

と、能見選手に提案したらしい。登板する試合のマウンドを、能見選手用にアレンジするようにリクエストしてみたら、ということだ。マウンドが変われば、ピッチャーとしての成績も変わるかもしれないという、冗談半分の話である。

だが、そのあと、能見選手は実際に、

「甲子園での防御率がよくないんです」

と、相談に来てくれたのだ。

私は、能見選手がマウンドで足を踏み込む場所が、ほかのピッチャーとは少し違っていることに気づいていた。当時は、一塁側に少しだけずれていたのだ。マウンドの土もあまり能見選手に合っていなかったらしい。そのときマウンドに入れていた土は、かつてウィリアムス選手のために使った、掘れにくい土のままだった。

そこで、能見選手が足を踏み込む場所だけ、その土をはずすようにしてみた。

すると、勝ち出した、らしい。少なくとも、能見選手はそう力説する。

「金沢さんがマウンドを変えてくれたおかげで、勝ち出したんです」

と、今でも喜んでくれるわけである。

ただ、本当のことを言うと、そんなことはないと思う。単に、能見選手の実力が上がったから、勝ち出したのである。その証拠に、甲子園以外の球場でも、彼はどんどん勝ち出した。明らかにピッチングの内容が変わってきて、いいピッチャーになっていったのだ。

ただ、たとえ気のせいでも、もう大丈夫だと安心してもらえるような整備ができたのだと思っている。実際のプレーに物理的に影響しないとしても、選手のメンタルをケアすることができるのは、整備の持つ魅力かもしれない。

高校野球では「公平」がオーダー

高校野球は、さすがに特定のチームの意見だけを聞いて整備をするということはできない。だから、全試合、全選手がプレーしやすいようなグラウンドを心がけている。

ただ、これが実は難しい。高校野球では、1日に複数の試合が行われるからだ。多ければ4試合が予定されていることもある。その場合、第1試合と第4試合のグラウンドのクオリティーを同じように保つのは、そう簡単にはいかない。

プロ野球では、その日の1試合のために、精魂を傾けてグラウンド整備をする。

ところが、その調子で高校野球のためのグラウンド整備をすると、失敗する。第1試合の選手たちにはよくても、第4試合のころになると、グラウンドが軟らかくなりすぎるのだ。

だから、多少気持ちの問題という面はあるものの、全試合できるだけ同じグラウンドを仕上げようと努める。

具体的には、土の表面をほぐす仕上げの整備カーがグラウンドを回る回数を3回から1回だけにする。そうすると、あまり土が軟らかくならずに済む。あとは、試合最中の整備、試合が入れ替わるタイミングの整備で、できるだけ硬めに仕上げるよう工夫するのだ。

ただ、これも今だからこその話だ。昔は、そもそも試合の最中に整備はなかったし、各試合のインターバルの時間も極端に短く、十分な整備を行う余裕はなかった。

現在、高校野球なら5回の裏が終了した時点でグラウンドに出て整備をする。そうしないと、ボールがイレギュラーのバウンドをする確率が一気に高まる。

今ではそれが当たり前になっているが、かつて高校球児たちは試合開始からグラウンドの整備なしで最後までプレーしていた。高校野球史上最高の試合として名高い、1979年夏の箕島対星稜戦も、一度もグラウンド整備は入らなかった。延長18回、3時間50分もぶっ続けで守備と攻撃を繰り返していれば、グラウンドは選手たちのスパイクや打球の跡で相当でこぼこだったはずである。

それが、1990年代の前半のある年から5回裏終了後に整備が入ることになった。きっかけは、グラウンドのコンディションをよくするためではない。審判の健康管理、水分補給のために時間を設けようということになったのだ。ある地方大会で、審判をしていた人が熱中症で倒れ、亡くなったことが背景にある。そこで、どうせ中断を挟むなら、その空いた時間にグラウンドの整備もしておくか、ということになったのだ。

昔はスポーツの練習中や試合中は、水分を取ってはならないという風潮があった。審判には野球部出身の人が多く、そういう風潮に慣れていたために、なかなか水分を取れなかったのだと思う。

こうして行われるようになったグラウンド整備だが、毎回同じことをしているわけではない。トンボだけで整備する場合と、機械も入れて整備する場合の2通りがあるのだ。そして、この違いにもちゃんと理由がある。

グラウンド整備カーを入れて整備をすると、グラウンドの見た目がきれいに仕上がる。お客さんも喜んでくれるし、機械による整備を望む高校生たちも多い。

しかし、夏の甲子園では、機械を入れるとどうしても暑さでグラウンドが乾いてしまう。土がきれいにならされる分、水分の蒸発も早くなるのだ。そこで、機械を入れて整備をするかどうかは、そのときの状況で判断することにしている。

たとえば、曇りがちで乾きにくい日は機械を入れる。まだ土に水分は残っているが、暑くてこれからすぐに土が乾きそうだなと思えば、機械は入れない。

また、土の乾きを抑えるため、数年前からミスト、つまり霧を出す機械を導入した。これで細かい水をまく。ただ、ミスト程度だと、夏の炎天下ではひとたまりもないことが多い。試合前にまいた水があっという間に乾いてしまったときは、思い切って機械を入れる。実際のところ、見た目重視だ。

また、各試合のインターバルの時間もグラウンドのクオリティーに影響していた。

かつては極端に短かった時期がある。前の試合で負けたチームの選手たちが持ち帰る土を集める間に、もう次の試合で戦うチームがノックを始めている。私たちが土をさわる時間なんてほとんどない。だから、ピッチャーマウンドなんてトンボでパッパッとならすだけだった。第1試合のマウンドと第4試合のマウンドは雲泥の差ができていたと思う。

今も、インターバルの時間は決して長くはない。だが、できる限り作業を効率化して、各試合のグラウンドに差ができないように努めている。

高校球場での「公平」というオーダーは、実は本当に難しいのだ。

雨の日が勝負どころ

整備のバリエーション

甲子園のグラウンド整備が注目を浴びるのは、雨の日が多い。雨が降っていたり、雨上がりだったりでグラウンドが水浸し。そんなときこそ、本当の実力が試される勝負どころだと、私たち自身思っている。

甲子園が雨に強い理由は2つ。1つは、雨に強いグラウンドを、一年かけて作っているからだ。

天地返しで、毎年グラウンドを再生させる。水はけも水持ちもよく、弾力のある理想のグラウンドができた年は、最高だ。土がうまく雨を吸い込み、ちょうどよい弾力になるように水分を保ってくれる。

ただ、水はけに関して言うと、今は甲子園以外にもよいグラウンドがたくさんある。

私は、雨上がりに車を運転しながら街中を観察することがあるのだが、学校の校庭でさえあっという間に水が引いていて驚いたりする。工事などを通して、水はけのよいグラウンドが増えてきているのだろうと思う。

それでも、私たちは水浸しのグラウンドを回復させるノウハウを、どこよりもたくさん持っている。それが、甲子園が雨に強い理由の2つ目だ。

雨上がりの整備作業として、基本的にはほぐし方や固め方だけで5、6パターンある。その順番を入れ替えたり、何か違うものを足すなどして、そのときの状況に合った整備を選んでいく。

簡単に聞こえるかもしれないが、そもそも状況の見極めはなかなか難しい。まず、天候を読まなければいけない。その時点で空は晴れているのか、曇っているのか。曇っているのだとしたら、太陽は隠れているのか、いないのか。黄砂で日光が遮られてはいないか。これから天気はどう変化するのか。微妙な天気の違いで、整備内容を調整する。

時間配分も忘れてはいけない。どれだけうまく整備できるにしても、試合に間に合わなければ0点だ。

私たちの雨上がりの整備を真似しようとして失敗してしまった例を知っている。

ある日、私たちは甲子園の水浸しのグラウンドを回復させようとしていた。季節は夏。昼に雨が上がり、天気はこれから晴れの予報。案の定、水がすばやく引いていく。私たちは深い爪のついた機械でぬれた土を起こしていった。土はベチャついていたが、ほぐされたことで、夏の日差しを受けてだんだん乾いていく。

それを見たある球場の職員が、雨上がりはこういう風に対処すればいいのかと早合点したらしい。グラウンドの水が引くと、早速同じ機械でぬれた土を起こし始めた。私たちが作業をするためにその球場に到着したころには、深めに土がほぐされている状態だった。

同じ作業をしているのだから、何も問題がなさそうに思えるが、大きなミスがある。それは残り時間を計算していなかったことだ。

このときの試合の開始時間を考えれば、この方法では間に合わなかった。時間がほとんどないのであれば、土を掘り起こす作業を二段階にする必要があったのである。

まずは浅く掘り起こし、グラウンドの上側を乾かす。上側が乾いてきた時点でその下の土を深めに掘り起こし、乾いた土と混ぜ合わせながら日に当てていく。そうすれば、短時間で効率よく、ぬれたグラウンドを乾かすことができたはずだ。

もしも雨が上がったあとの天気が悪いようなら、そもそも掘り起こすことはできない。表面にブラシをさっとかけて乾かすしかない。

それでは軟らかすぎるのではないかと思われるかもしれないが、あらかじめ雨対策を施していれば、甲子園のグラウンドだとある程度の硬さになる。私たちには、「水はけも水持ちもよく、弾力のあるグラウンド」という土台がある。その上で、状況にぴったり合った整備をするからこそ、どんな天候にも対応できるようになっている。

水が引きやすいところと引きにくいところをしっかり把握しているというのも、雨の日に私たちが力を存分に発揮できる理由になっているかもしれない。

地面に雨が降ったとき、全面積が一気に水たまりになることはない。高低差があったり、日の当たり具合が違ったりするからだ。

甲子園のグラウンドも、ピッチャーマウンドを頂点として、傾斜がある。試合直後には、選手の足によって踏み荒らされたところとそうでないところで高低差ができる。

日当たりのよさにも差がある。日ごろから仕上げている硬さも、場所によって違う。

そのようなグラウンドの各所の性格を知っているから、私たちはそれぞれの場所で水が引くまでの時間を計算できる。雨が降ったときに、どこは放っておいても大丈夫なのか、どこはすぐ手を入れなければならないのかの判断を瞬時に下せるからこそ、雨上がりのグラウンドをすぐに回復させられるのだと思う。

ほめどころはシートがけではない

次の日が雨の予報だったので、前日にシートを張った。翌日、無事に試合ができた。
ここで、
「さすが甲子園！」
とは思わないでほしい。
私は、基本的にグラウンドにシートを張りたくない。
シート張りは、一番ほめてほしくないポイントの一つだ。
シートを張っていたために、翌日、試合ができる。これは、私たちでなくても、だれでもできることだ。むしろ、私たちよりもすばやく、正確にシートを張れる専門の人はいるだろう。

シートを張るのは、次の日に試合が予定されていて、かつ雨が降りそうなときだ。前日にシートをかけておいて雨を遮り、グラウンドがぬれないようにしようという単純な話である。

ただ、雨が試合開始時間のかなり前に止みそうなときは、基本的にシートは張らない。天気にもよるが、雨が上がってから時間があるなら、その間にグラウンドの水分は蒸発するからだ。前日にすでに雨が降り始めている場合もシートを張れない。水分の蒸発を遮ってしまい、逆に土の状態を悪くしてしまう。

そこで、雨がすでに降っていたために、シートを張らなかった。あくる日のグラウンドは水浸し。それでも、整備のおかげで試合ができた。これを評価してもらえれば嬉しい。私たちが一年をかけて作り上げたグラウンドと、雨上がりの整備のノウハウが合わさってこそ、実現できることだからだ。そのノウハウに基づいて動いてくれる若いメンバーがいて、チームワークがあるからこそ、私たちのグラウンド整備が成り立っている。

シートを張ることの弊害もある。シートで雨を遮ることによって、グラウンドには水が入らない。グラウンドの深いところでは土が乾く。もちろん、散水はするが、それだと水はグラウンドの表面にしかしみこまない。グラウンドの中の水分量にムラができるのだ。シート張りのせいで、逆にグラウンドのコンディションを悪くしてしまう。

雨はグラウンドの味方だ。天地返しでも、雨がグラウンドを仕上げてくれる。シーズン中でも、一番大事なグラウンドの水加減を調整してくれるのは雨だ。雨のおかげで、「水はけのよい、水持ちのよい、弾力のある」グラウンドが一年間、維持できている。

私たちは、土の水分量を理想の状態に保つために、散水をする。ただ、通常の散水で土に与えてやれるのは、雨量に換算するとたった1ミリ程度だ。これでは、水がしみこむのは土のほんの表面だけになってしまう。しかも、人間がやっているから、どんなに水を均等にまこうと思ってもムラができる。

雨はすごい。10ミリだったり20ミリだったりするだろうが、土の奥底まで届くくらいの水を与えてくれる。しかも、均等にまいてくれるのだ。グラウンドに自然の雨を当てれば、深さ30センチの土全体に、むらなく水が行き渡る。均等に水分を含んだグラウンドは強い。上の部分を乾かせば、表面はプレーをするのに最適な硬さになるし、深い部分は水が残っているから弾力が生まれ、イレギュラーバウンドを防げるようになる。

何日かおきに定期的に雨を当てておかないと、グラウンドはよい状態を保てない。

ただ、野球観戦に来るお客さんのことを思うと、悩ましい。

たとえば、試合当日の午後4時まで雨が降った、あるいは5時まで降った。そうなると試合はできない可能性が高い。ところが、シートを張ると、もし5時に雨が上がったとしたら、わずかに試合開始時刻を遅らせれば、できるかもしれないのだ。そういう場合は、シートを張っておく方が望ましいということになる。私たちも、シートを張ることで試合ができる可能性があるのであれば、もちろんシートは張るようにする。

それでも、無駄なシート張りはあまりしたくない。たとえば、翌日は一日中雨が降り続けるということがわかっているにもかかわらず、シートを張るのは嫌だ。特に、翌々日は朝から晴天という予報が出ているのであれば、シートを張る意味は全くない。一日中雨が降り続けるのだから、試合はできない。ならば、晴天だと予報されている日のために、ベストなグラウンドを用意したいと思う。

ただ、その雨は絶対に止むことはないのか、と言われると言葉につまる。天気に関して100パーセントなんてやはりありえない。結局、シートを張ることになるだろう。

シートを張るべきか、張らざるべきか。

この葛藤は、甲子園球場がある限り、消えることはないと思う。

第3章

甲子園と共に生きてきた

甲子園に入り浸る小学生

野球との出合い、甲子園との出合い

兵庫県神戸市生まれの私が初めて甲子園を訪れたのは、4歳のときだった。高校生だった叔父が、高校野球の兵庫県大会に出場したときに、母に連れて来られたのだ。当時、兵庫県予選の何試合かは、甲子園で行われていた。それが、私が記憶している限りの、甲子園との出合いだ。

小学校1年生のとき、もう一人の阪神ファンの叔父に連れられて、初めてプロ野球の試合を甲子園で観た。深緑色のひんやりとした通路をくぐってグラウンドのひらけた光景を目にした瞬間は、今でも忘れられない。デーゲーム、ヤクルト戦。週末なのに、観客はまばらだった。その後も、何度かこの叔父に連れられて甲子園のプロ野球を観に来たと思う。自然な流れで、私も野球を始めた。

私は母子家庭に育った一人っ子だった。私が小学校4年生のころ、母は近所に住ん

でいたグラウンドキーパーの紹介で、甲子園球場の職員として働き始めた。少年野球チームに入り、本格的に野球に打ち込み始めていた私は、母が甲子園で働き始めたことを非常に喜んだ。単純に、

「野球、いつでも観れるやん！」

と思ったのだ。

実際、球場関係者の家族は、自由に球場に出入りすることができた。いわば顔パスだ。今では全く考えられないことだが、当時はそんなのんびりした状態だった。

自由席が多かったので、甲子園に来た日は、空いているところに座って試合を観たり、母のいる球場事務所に行ってテレビを観たりしていた。グラウンドキーパーらしいおじさんが手招きをしてくれたら、ちょこちょことグラウンドに下りていき、選手とキャッチボールをさせてもらったりもした。藤《ふじ》田《た》平《たいら》さんや、掛布雅之さんにかわいがってもらったのをよく覚えている。

今思えば、野球の聖地で、相当調子に乗って、気ままに遊んでいたものだ。

小学生のころの夢はもちろん甲子園出場。少年野球チームでのポジションはキャッチャーだった。

けがで終わった野球人生

　そのような、いいことばかりが続くものではないということを、私は小学校6年生のときに味わった。肩を痛めてしまったのだ。

　当時、甲子園に頻繁に出入りしていた私は、自分は野球ができる方だと思っていた。ほかの子よりも恵まれている分、私は野球が得意なはずだと、どこかで信じていたのだ。

　特に、プロ野球選手に投げ方を教わったり、キャッチボールをしたりしていたこともあって、遠くに投げることに関しては自信があった。だから、遠投の練習を繰り返していたのだが、それが肩のけがの原因になった。今思えば、投球フォームは自己流で、力任せに投げていたのだから、肩を痛めるのは当然だった。

　本当に我慢ができないぐらいの痛みがあったが、だからといって、治療をきちんと受けたわけでもない。

　放っておいたら痛みが去ったので、また練習を開始した。ポジションはキャッチャーから外野に変わったが、再び野球ができる喜びの方が大きかった。

ところが、中学で野球部に入ると、また痛みが再発した。

確か、中学1年生の夏だったと思う。入部したての私たち1年生は、ランニングや筋トレなどの基礎練習ばかりだったのだが、たまたま修学旅行で3年生がいないときに、ボールを握る機会があった。

私は、思いっきり投げようとふんばった。

しかし、投げられなかった。忘れていた痛みがよみがえってきたのだ。そのとき、心が折れてしまった。

結局、私はそのまま野球を断念した。

もちろん、私のレベルはたかが知れていただろう。野球を続けていたところで、甲子園出場はおろか、公立高校のレギュラーになれていたかどうかもあやしい。

ただ、仲間が野球を続けている中で、真っ先に脱落してしまったのは辛かった。

だれよりも野球の近くにいたはずなのに、最初に野球から離れなければならなかったのは悔しかった。

グラウンドキーパーへの道のり

秘密の中学生アルバイト

野球をやめてから、なんだかやりきれない気持ちで日々を過ごしていた。

野球のプレーはできないが、かといって野球に代わる楽しみを見つけられるわけでもない。中学2年生、野球との距離をはかりかね、葛藤を抱えながら悶々としていた。

そんな折、声をかけてくれた人がいた。

「健ちゃん、もう野球やってへんのやったら、夏休みなんもしてへんねやろ。甲子園来《こ》うへんか。表には出されへんけど、スコアやったらだれにもわからへんから、アルバイトで来《き》いや」

当時のグラウンドキーパーチーフ、藤本治一郎さんだ。甲子園のグラウンド整備の礎を築いた、伝説のグラウンドキーパーである。母が球場で働いていたおかげで、母も私も、藤本さんとは顔なじみになっていた。

藤本さんを知る多くの人は、「厳しい人だった」と口をそろえる。確かに、私も子どもながらに、藤本さんの采配でグラウンドキーパーたちが動いているのはわかったし、後輩を叱っているのを見て怖いと思ったこともある。

しかし、当時の私にとっては「優しいおじいちゃん」だった。今思うと、現在の私と同じくらいの年齢の人に「おじいちゃん」は失礼なのだが、「治《じ》いやん」というニックネームの影響もあるのかもしれない。いつも声をかけてくれ、温かく見守ってくれる存在だった。

甲子園に来てただ試合を眺めているだけの私を見かねたのか、あるいは母子家庭という事情を知った上で私のお金のことを考えてくれたのか。いずれにせよ、私は藤本さんのはからいのおかげで、甲子園でアルバイトをすることになった。

アルバイトで働いていたのは、高校生以上の人ばかりだったから、中学生の私は、やはり例外だった。ずいぶんアバウトな時代だったと思う。

私は嬉しい気持ちいっぱいで、スコアの係についた。兵庫県代表の報徳学園が優勝した年の夏休みであったことを今でもはっきり覚えている。

私の役目は得点出しだった。得点板の仕組みはシンプルで、裏に0点が書いてあり、点が入ったらその点数の板をそこに引っかけてひっくり返すだけだ。野球のことがわかっていれば中学生でもできる仕事だった。

そういう作業を担当しながら、私は、スコアボードのスペースの中にいる大人の作業員たちの使いっぱしりもしていた。「ジュース買ってこい」と言われたら買いに行くくらいの、簡単な仕事だった。

おまけに、スコアボードの中には、社員とアルバイトを合わせてたくさんの人がいた。試合時間が長く、うたた寝をしてしまう人が出るからだ。そんなゆったりとした職場で、私は働く大人たちの様子をちらほらと観察していた。

グラウンドで働くキーパーたちの作業も見ていたので、その仕事のイメージはこのとき少しつかんでいたかもしれない。ほかの仕事に比べれば、グラウンドキーパーの仕事は、自分にもちょっとぐらいできるんじゃないかなと思っていた記憶がある。

でも、中学生の間は、グラウンドに下りて何かを手伝うということはなかった。さすがに、中学生が働いている姿をオープンにはできなかったのだろうと思う。

高校生になると、正式にアルバイトとして球場に出入りするようになった。私が高校2年生のときの選抜高校野球から、甲子園のスコアボードは電光式になり、得点板を出す仕事はしなくなった代わりに、グラウンドに下りて働くようになった。

ただ、頼まれる作業は雑用だった。ラインを引くために水糸を持ったり、トンボを倉庫から持ってきたり、言われたことをするだけで、特にやりがいは感じない。

それまではニコニコと優しかったおじさんたちが、急に命令口調になって、うるさく言うようになり、「うっとおしいなぁ」と思ったくらいだった。

このとき、将来甲子園で働きたいという気持ちはさらさらなかった。高3になると、レストランでアルバイトを始め、甲子園に仕事で来ることはなくなった。

20歳の転職

高校を卒業すると、私はOA機器の販売会社に就職した。

野球やグラウンド整備とは全く関係のない職種だった。

当時はバブルのまっただ中で、仕事は忙しかった。やる気もやりがいもあったし、特に大きな問題を抱えていたわけではない。ビジネスマナーを身につけ、人に頭を下げて仕事をすることも学んだ。

ただ、「一生をかけてする仕事」なのかどうかは、わからなかった。

そんな折、母から阪神園芸でグラウンドキーパーを募集していると聞いた。

「縁やな」と直感した。

もちろん、最初は転職することに戸惑いがあった。今のように転職が一般的な風潮になっていたわけではない。多少仕事のイメージはつかめていたものの、社員として任される業務は違うということもわかっていた。なにより、この仕事になら一生をかけられるという確信もあったわけではない。

母も、グラウンドキーパーに空きが出たというのを伝えてくれただけだった。

ただ、

「やりたいんやったら、自分で言いに行き」

という一言に、逆に背中を押された。もう一度野球と、甲子園とつながりたいという思いが自分にあったことに、気づいたのだと思う。

1988年の3月、私は阪神園芸株式会社に転職した。

グラウンドキーパーになってよかった

グラウンドキーパーという仕事の魅力に気づいたのは、比較的早かった。入社してまもない、1988年の夏の高校野球、第70回大会。沖縄水産と愛工大名電の試合でのことだ。

試合は、先攻の沖縄水産が4対0でリード。しかし、6回の表が終了した時点で、雨のために中断となった。高校野球の場合、7回の裏が終了しないとコールドゲームにはならない。激しい雨の降り方からして、この試合はもう無理だろう、ノーゲームだろうと思う人は少なくなかったと思う。

しかし、2時間の中断のあと、雨は上がった。夏の夕立だったのだ。私たちは、水たまりだらけのグラウンドに出た。これだけ長い中断を経て、試合を再開するために整備に向かうのは、私にとって初めての経験だった。

当時は吸水パッドもないので、直径5センチほどの太い杭でグラウンドに穴を空けて水を流すという方法を取っていた。土の下に敷いてあるぐり石の隙間にうまく杭が入ると、水が流れていくのだ。ただ、ぐり石の真上に杭が当たってしまうと意味がない。杭を打つためのハンマーは重かったし、空振りすると足を打ちかねなかった。正直に言うと、「しんどいなあ、辛いなあ」としか感じていなかった。私はとにかく言われたことをやるのに必死だった。

ところが、整備を終えて私たちが引き上げてくるときだった。お客さんの拍手の音が聞こえてきたのだ。

「こんな仕事させてもらってるんや……」

グラウンドキーパーは、人に喜んでもらえる仕事なんだと実感した。グラウンドキーパーになってよかったと心から思った、初めての瞬間だと思う。

失敗と試行錯誤

「見習い」という試練

グラウンドキーパーという仕事の魅力に気づいたものの、何もかもが順風満帆だったわけではない。

「見習い」という言葉がある。見て習うという字の通り、仕事を実地で覚えることであり、またそういう人を指す。昔は仕事についたら見習いから入るのが当たり前で、今とは違い、会社でも新人研修などは皆無に近かった。

私が1988年に阪神園芸に入社したときも、そうだった。会社の主要事業が造園なので、仕事は見て習うのが当たり前の世界だったのだ。

中高時代のアルバイト経験は、案の定、全く通用しなかった。「健ちゃん」という呼び名は、いつの間にか「金沢」に変わっていた。

何一つ、最初からできる仕事はない。一から覚えなくてはならなかった。

何をしても先輩から怒られた。動きが鈍いといっては怒られた。「あれ、持ってこい」と言われても、「あれ」が何かわからない。用具や機械の名前だって知らない。もたもたしていると、「さっさとせんか！」とまた怒られた。

特に、グラウンドでは早く作業をしないと、必ず怒られた。たとえば、試合が終わるとすぐ整備を始める。トンボをかけ終わって、15分もすれば、機械が回り始めるのだが、その時点でまだトンボ作業をやっていたら、「おまえ、いつまでそんなことやっとんねん！」と怒号が飛んでくるのだ。「初めてなんやから、仕方ないやんか」という理屈は通用しない。理不尽だと思っても、聞き入れられる職場ではなかった。

怒られるのがいやだったばかりではない。職場の雰囲気は最悪だった。先輩たちは、いかにも職人といった気質の持ち主で、黙々と仕事をする人ばかり。口数は極端に少なく、職場でだれかが会話をすることもほとんどない。無口な職人たちが口を開けば、怒号と罵倒が飛んできた。

いつもぴりぴりした空気の中で、私の神経はすり減っていく。たくさん人がいるのに、孤独な職場だった。

私はだんだん、出勤するのが億劫になっていった。いわゆる出社拒否をしたいと思った日は何度もある。

特に5、6月、夏の高校野球のコマーシャルが始まる時期には、曲を聴くだけで憂鬱な気分になった。

当時は正直、やりがいよりも「嫌だ」という気持ちが勝っていた。毎日炎天下で働き続けるのが、単純に体力的にきつい。高校野球開催期間中の休みは、交代で回ってくる1日だけ。毎日極度の疲労がたまった。

その時期以外にも、月の休みが全くないときがざらにあった。休みに何をするかという予定なんて立てられた試しがない。

同期も含めてたくさんのグラウンドキーパーが辞めていった。

教えてもらえないなら自分で学べばいい

何がきっかけだったか、あるとき、「教えてもらえへんのやったら、自分で思うようにやったらええやんか」と気づいた。

考えてみれば、私がストレスを抱えていたのは、先輩からひっきりなしに飛んでくる怒声や、職場の険悪な雰囲気、休みが取れないことだった。

土や芝にさわる、この仕事内容自体は好きだったのだ。

もちろん最初はわからないことだらけだった。たとえば雨のあと、甲子園のグラウンドが早く乾いていくのはなぜなのか、考えたところで全くわからない。

それでも、とりあえず言われたことをやり続けた。すると、いろいろなものの道理や原理が体と頭で理解できるようになっていったのだ。

面白くなってくると、自分でいろいろ試してみようと思うようになった。雨のときにはどうすれば早く乾くか、ピッチャーが投げるとき、掘れにくくするには、どういう水加減がいいのかなど、思い浮かぶたびに実験していく。

当時は、まだ甲子園球場にラッキーゾーンがあり、そこにはピッチャーマウンドもあった。ここが、私の格好の練習場所になった。グラウンドの正式なマウンドに比べると、ほとんど整備されていなかったからだ。

ピッチングコーチや選手たちが自分たちでささっと整備する程度。「それって、プロ野球でどうなんやろ。自分が覚えてやった方がいいんちゃうか」。そんなことを思って、昼休みに、ラッキーゾーンのマウンドを自分なりに整備するようになった。予行演習のつもりだったが、コーチや選手にニコニコと喜んでもらえたことで、ますます気合いが入った。

一人でこんなことをしていたわけだが、私が特別に積極的な社員だった、というわけではない。今でもちょっと仕事を頑張ろうかなという人は、会社の仕事を家に持ち帰ってプラスアルファやっておくだろう。そんな感覚だ。

もしかすると、新人にありがちな、単なる気負いだったのかもしれない。

先輩の技を盗む

私が入社したとき、グラウンドキーパーの中心にいたのは、辻啓之介《つじけいのすけ》さんだった。辻さんは、藤本治一郎さんの娘婿で、藤本さんの技を受け継いだ人だ。芝を二毛作することで、一年中青い芝を実現した。伝説のグラウンドキーパー2代目として、一番大きな存在感を放っていたのはまちがいない。

私のことを、辻さんの弟子のように言う人がいる。ただ、辻さんと一緒に仕事をしながら仕事を覚えていったグラウンドキーパーはほかにもいるので、私が直弟子という表現は当たらないだろう。

それでも、辻さんの仕事ぶりから学ばせてもらったことは限りなく多いし、私の目標であったことは事実だ。

入社1年目のある日、私はローラーに乗って土を踏んでいた。ピッチャーマウンドを中心に、渦巻きを描くように、徐々に外に向かって回っていく。

ただ、そのときたまたま、前の周との間に隙間を空けて回ってしまった。踏んでいるところと踏んでいないところのムラを作ってしまったのだ。

そのとき、辻さんがすかさずやって来て怒鳴った。

「ここところでバウンドが変わるやろ！　それで選手がけがしたらどないすんねん。年収何千万の選手がレギュラー奪われたら、もうそれで選手は終わりなんやぞ」

自分の仕事がどれだけ重いか、思い知らされた瞬間だった。

絶望的な状況のグラウンドをどうやって回復させるかを学んだのも、辻さんのもとでだった。

私が阪神園芸に入社したころは、いわゆる好景気のまっただ中で、まだバブル経済ははじけていない。拡大路線は当時の世間の風潮で、それは私たちの業界も例外ではなかった。

阪神タイガースの高知県安芸市のキャンプ地でも、山を切り開いてグラウンドを広げたり、室内練習場を大きくしたりといった大がかりな工事が、毎年のように行われていた。

ここは高知県安芸市が管理・運営をしているので、行政のスケジュールと予算管理の中でキャンプが行われる。

タイガースのキャンプは2月1日からと決まっていた。そうした大きな工事が実施される場合、その前の年末には工事が完了し、1月の中ごろから、私たちグラウンドキーパーが安芸に入って、キャンプ開始に向けて整備作業をするというのがいつものパターンだった。

ところが、私が入社して2、3年目の年、たまたま天候が悪く、工事がかなり遅れた。私たちが安芸の球場に行ってみると、すでに1月中旬にさしかかっていたのに、年末には終わっているはずの工事が、まだ続いていたのだ。

その光景を見て、驚くしかなかった。

グラウンドの中を大型ダンプカーが行き来していた。さすがにグラウンドの中央を横切ることはなかったが、グラウンドの端を何台ものダンプカーが通っては、20センチほどの幅の轍をつけていく。その上に雨が降ったのだろう。深くえぐれたところに水がたまり、グラウンドの周辺部分は、まさに荒れ放題だった。

2月になれば、選手たちがやって来る。「工事が遅れてしまったので、キャンプは延期して下さい」というわけにはいかない。

私は、入ってまだまもないので、名案が浮かぶわけもない。「この状態、どうにかなるんやろか」とひやひやするばかりだった。

辻さんも、この光景を目の当たりにして、さすがに腹を立てていた。関係者に対して、クレームをつけていたりもしたが、文句を言ったところで、何かが改善されるわけではない。

結局、「終わりました。よろしくお願いします」とグラウンドを引き渡されたのは、キャンプが始まる1週間前。「今ごろ引き渡されても……」と、私は内心、絶望していた。

それでも、辻さんはあっという間にこの状況を打開した。

通常なら、黒土と砂とをあらかじめ混合しておいたものをグラウンドに入れる。ただ、黒土は水を含みやすい。寒い時期なので、その混合土の中の水分が蒸発して固まっていくのには、最低でも1ヶ月はかかる。

辻さんは砂を多めに買ってきた。それを黒土と混ぜるのかと思ったら、グラウンドにそのまま敷いていく。そして、その砂を敷いた状態から、グラウンド整備を始めてしまった。黒土が登場したのはそのあとのこと。砂で整備をした上に、黒土をかぶせていったのだ。

砂で表面の水気を取ってから黒土で仕上げる。混合土のグラウンドは、みるみるうちに、野球ができる状態に変身していく。最短でグラウンドを仕上げる技を、辻さんは編み出したわけである。

水のたまっていた広い轍は、トラクターの後ろに角材を取りつけ、トンボ代わりにしながら整備をしていく。でこぼこを直していくにはトンボしかないが、人の手で作業していたのでは間に合わない。そこで辻さんがトラクターにトンボをつけるということを考えたのだ。

もちろん、だれでもできることではない。土の軟らかさを考え、回り方や方向に気を配りながらの作業だ。私は、そのトラクターの後ろに重り代わりに乗っかりながら、辻さんの技を目に焼き付けていた。

入社してわずか2、3年の身で、すごいものを見せてもらったという思いだった。私にとっては、このキャンプでの経験が、後々になって大いに役立つことになる。

大失敗

阪神園芸に入社して数年目には、私は甲子園以外の球場にも出向いて、グラウンド整備を担当させてもらうようになっていた。出向く先は、近隣の市民球場やグリーンスタジアム神戸（当時）。

当時、私が他球場で担当した仕事の一つに、芝生への薬剤散布があった。芝生に除草剤や殺虫剤、殺菌剤をまくのだ。

あるとき、とある市民球場の職員から、

「グラウンドの雑草、なんとかせえ！」

という要請があった。

このスタジアムは甲子園と違ってフェンスが低く、植栽が周りを囲んでいたから、ある程度雑草が生えやすいのは当然だった。ただ、当時の私はもちろんそんなことまで考えられていない。とりあえず雑草を取り除くために、除草剤を散布した。ところが、いざ散布してみると、芝生までが茶色に変色してしまったのだ。

大失敗だ。

薬剤は通常、原液を水で薄めて散布するが、濃度で効き目が変わる。薄すぎると効かず、濃すぎると芝生が傷んでしまうのだ。雑草を取り除こうとして、独断で除草剤を濃いめに作ってしまったのが、失敗の原因だった。

季節は夏で、冬芝が茶色になることはあっても、夏芝までが茶色になってしまうのは本来ありえない。茶色の芝生は当然、市民球場側で問題になった。

「取り返しのつかないことをした」とあせった。先輩たちに怒られると思った。

ところが、実際にはほとんど叱責されることはなかったのだ。

それどころか、何人もの先輩たちが、黙って私の失敗をカバーしに行ってくれた。別の種類の芝の種をまくという先輩たちの応急処置のおかげで、茶色の芝生はなんとか回復した。

いつも怒られっぱなしだったのに、この大きな失敗に関しては叱られなかった。信頼されているから、一つの球場を丸ごと任せてもらえていたのだと、ようやく気づいた瞬間だった。

自分のグラウンドを信じる

たまたま辻さんが所用で甲子園にいなかったときのこと。雨上がりのグラウンドを整備したことがあった。

その日は意地悪な天候で、上がっていた雨が試合中にまた降り出した。ガタガタになったグラウンドを短時間で整備しなければならない。私は、辻さんの整備の仕方をずっと見てきたものの、辻さんなしで整備をするというのは初めての経験だった。

「大丈夫やろか」と不安に思う気持ちと、「自分がやれるんや」という期待がないまぜだった。

たまった水の抜き方、砂の入れ方、一つ一つを思い出していく。水加減はこのぐらいでよいか、これからの天気に合った整備になっているだろうか。考えながら、とにかく見てきたものを再現したいという思いで整備を続け、なんとか仕上げることができた。

やがて、用事を終えた辻さんが、グラウンドにひょっこりと現れ、ポツリとつぶやいた。

「なんや、もう、俺おらんでもいけるなあ」

認められたかな、と思った。私が、手がけたグラウンドに自信を持つようになったきっかけだった。

神戸のグリーンスタジアムでも、自分のグラウンドが間違っていないと思えるようになった瞬間がある。

ある日の雨上がりの整備。水浸しだったグラウンドを丁寧に整備し、ちょうどよい水加減と硬さに仕上げることができた。「すごくええな、今日のグラウンド」と、私自身は嬉しい気持ちでいっぱいだった。

すると、練習中、当時オリックスの現役選手だった福良淳一《ふくらじゅんいち》さん（現オリックス・バファローズ監督）が私のところにやって来た。

「今日のグラウンド、最高や」

ニコッと笑って去っていく。

私はそのとき確信した。私がよいと思うグラウンドは、選手にも喜んでもらえるグラウンドなんだと。

史上最悪のグラウンド

雨の日の整備も、自分の力で行えるようになった私は、淡々と年数を重ねていった。

ただ、入社16年目、史上最悪のグラウンドを経験することになった。２００３年、阪神タイガースが暗黒の時代を脱出し、18年ぶりにセ・リーグ優勝を果たしたシーズンだ。

この年のグラウンドは、極端に雨に弱かった。とにかく、水はけが悪い。なぜそうなったのか、原因ははっきりしている。

平年であれば、1、2月のグラウンドの天地返しのあと、雨の到来と水分の蒸発を待ちながら、ゆっくりと土を固めていく。

ところが、この年は待てなかったのだ。雨が降ったあと、水分が蒸発するのを待てずに土をいじったために、水の引かないグラウンドができてしまった。

そういうグラウンドは、見た目には、何がどう悪いのかわからない。晴れた日には普通にプレーもできる。ただ、いったん雨が降り始めると、なかなか水が引かない。

通常の雨上がりの整備では、「水が引く」ことを前提にして作業をする。グラウンドの各所の水が引くまでの時間を計算して、すぐに引かなさそうなところには吸水パッドを置きに行き、引きそうなところはそのまま放っておいたりする。ところが、この年はその計算もできないほど、水が引かなかった。

この年の天地返しの時期、辻さんと私は甲子園にいなかった。阪神タイガースの安芸のキャンプに同行していたのだ。

帰って来て最初にグラウンドを見たとき、私はほとんど絶望した。「今年、ちゃんと最後までやれるんやろか」と、自信がゆらぐ。

数々のグラウンドを見て来た辻さんにとっても、「最悪」という印象だったらしい。帰って来てからというもの、辻さんは常にイライラしていた。それでも、一度できてしまったグラウンドは、来年まで掘り起こすことができない。土を入れ替えようという話も出たが、とうてい間に合わなかった。

私たちはその年、整備を切り替えた。

「水が引く」ことは想定せず、「水を吸う」ことを第一に考えた。

たとえば、前日に雨が上がったのに、翌日になっても大きな水たまりが残っている。そのときは、原始的ではあるが、ひしゃくで水をすくった。

雨が予報されればシートを張ることが通例になってきたのは、この2003年がきっかけだ。水が引かないグラウンドなのであれば、できる限り雨はグラウンドにしみこませてはいけない。雨上がりでも試合を成立させるためには、シートの力が必要だった。

阪神タイガースの快進撃で、甲子園の観客動員数が飛躍的に多くなったことも関係していたと思う。観客の期待が大きくなるほど、簡単に試合を中止することは難しくなっていく。

突然チーフに

よりによってグラウンドが最悪だったこの年、私はグラウンドキーパーのチーフを任されることになった。辻さんが、6月いっぱいで現場から退くことになったからだ。当時辻さんは58歳。本来の定年は60歳だったが、58歳で役職定年し、現場を離れるという規則が、この年急に決まってしまった。

年齢的に考えると、私が辻さんの跡を継いで次のチーフになるだろうとは思っていた。チーフになったときのことを想定して、グラウンド整備の技術から人の動かし方まで、辻さんの仕事を見て気づいたことをメモするようにはしていた。

ただ、辻さんが引退することを知らされたのは前月の5月。ゆっくり準備をしようと思っていたのに、まさか引き継ぎまで1ヶ月しかないなんて、予想していなかった。

心づもりはまだできていない。辻さんが築き上げてきたものを、自分がすべて引き継げるのか。不安もあった。しかも、グラウンドは最悪。

それでも、周りからのプレッシャーは、あまり感じなかった。「辻さんがいなくなってもうたら、あかんなあ」という評価をする人は、そんなにいなかったと思う。

それに、ずっと前に辻さんに言われた、「もう、俺おらんでもいけるなあ」という言葉が、支えてくれていた。

「まあ、なるようになるやろ」。

こうして、私は阪神園芸グラウンドキーパーのチーフになった。

チーフの気づき

「甲子園だからできる!」

辻さんからチーフを引き継いで一番大きく変わったのは、グラウンドキーパー以外の人たちと接する機会が増えたことだ。

それまでは、自分のグラウンド整備の技術をどのように向上させるかということが最も大切な課題だった。

ところが、チーフは自分の技を磨くこと以上に、対外的な交渉を行うことが重要になってくる。自然と、周囲の評判というものに耳を傾けるようになった。私はここではじめて、阪神園芸のグラウンドキーパーがどれだけ信頼されているかを理解することになった。

2003年夏の甲子園、倉敷工業高校と駒大苫小牧高校の試合。4回表の時点で8

対0と、駒大苫小牧が試合を有利に進めていた。甲子園での初勝利が、見えてきていた。

ところが、雨だ。4回の裏、試合開始から断続的に降っていた雨が、一気に激しさを増した。グラウンドは、みるみるうちに水浸しになっていく。試合は中断。天気予報が告げる雨情報からすると、その日、試合の続行はなさそうだった。

ふと三塁側を見ると、駒大苫小牧の香田誉士史《こうだよしふみ》監督が、ベンチ前に立っている。仁王立ちだ。豪雨にさらされるグラウンドを、凝視していた。

あとから聞いた話だが、このとき香田監督はベンチで、「試合はできる！ ここは甲子園だからできる！」と叫んでいたという。天気予報が何を告げても受けつけず、甲子園だったらできる、その一点張りだったらしい。

そこまで私たちを信頼してくれているのかと、胸を打たれた。

もちろん勝っている試合だったということもあるかもしれないが、生徒たちにそういう言葉を告げてくれていたこと、それがなにより嬉しかった。

結局、その試合はノーゲームとなり、翌日の再試合で、駒大苫小牧は敗退。仕方がなかったとはいえ、再開できなかったことに胸が痛んだ。

駒大苫小牧が夏の甲子園を制するのは、その翌年のことだった。

審判からの信頼

試合の再開が見込めない天候の場合は仕方がないが、一旦試合が始まったら、できるだけ最後のイニングまで試合ができるようにしたい。それは私たちグラウンドキーパー全員の思いだ。

試合を続けるかどうかの最終的な判断をする審判たちも、できるのであれば続けようという姿勢である。

ときどき、雨でグラウンドがぬれていても、審判が「これぐらいならいけますよ」と背伸び気味の判断をすることがある。「え、これで続行?」と私は内心思いつつ、特に念入りに整備をする。どんな状態であっても選手たちが、整備が済んだグラウンドに入ってきたら、「あ、意外といけるかも」と感じてもらえるぐらいにしたいと思っている。

逆に、審判が「これくらいで十分ですよ」と評価してくれても、「いや、ここはもっとやらなあかんので、待っといてください」と言うこともある。とにかくグラウンドキーパーとしては、選手が足をすべらせてけがをする確率を少しでも下げたいからだ。

試合中の雨が降り出して、グラウンドに水が浮いていたとしても、だれも私たちのところに相談に来ないこともあったりする。

通常なら、雨で中断されている最中に、

「金沢さん、このあと、試合できるでしょうかね？」

などと、審判のだれかが心配して相談しにくる。

そんな声かけを、だれもしてくれないケースがときどきあるのだ。どうやら、雨が上がったらグラウンドキーパーがあっという間にグラウンドを回復させてくれると、当然のように思っているらしい。

そこまで強く信頼してくれるのは、むしろありがたい。

「試合できるでしょうかね？」などと言われても言われなくても、どのみち全力で整備はするのだ。

私たちは、試合に関してなんの決定権も持っていない。吹けば飛ぶような存在だ。

それでも、決定権を持っている関係者は、私たちの意見に耳を傾けてくれるのである。

私たちがいい仕事ができるのは、関係者の人たちが私たちを信頼して任せてくれているからだと、心底思う。

星野監督からの「ありがとう」

阪神タイガースの歴代監督からの信頼も、私たちの力の源だ。

星野監督も、忘れられない一人である。

阪神タイガースがリーグ優勝を果たした2003年の9月15日、胴上げされる星野監督の姿を、私はタイガースのベンチで眺めていた。

監督がグラウンドから戻ってきたとき、たまたま目があった。すると、

「グラウンドキーパー、ありがとう！」

と言いながら、握手を求めにきてくれたのだ。

突然のことに驚きながらも、私は嬉しさのあまり、言葉が出てこなかった。

星野監督に関しては、思い出すたびに面映ゆくなってしまうエピソードもある。その年の春のキャンプの打ち上げでの話だ。セクションごとに球場やチームの代表が前に出て行って、カラオケで歌うことになった。

当時の選手会長だった桧山選手から、打診があった。

「金沢さん、グラウンドキーパーさんから、1人出てもらえませんか」

「はあ……。そうですね……」

メンバーを見渡せば若い後輩がほとんどで、居並ぶ大選手たちの前で歌わせるのはかわいそうだ。かといって、辻さんに無理を言って歌ってもらうのも気が引けた。

「自分、行きます」

歌わざるを得なかった。後にも先にも、あんなに緊張してしまった場面はない。

真正面には星野監督、周りには2003年優勝メンバーになる超大物スターがひしめいている。私が選んだ曲はTUBE。大好きな歌手ではあったが、あの場面での選曲としてははすべっていただろう。

曲の一番を歌い終わったところで、割りばしに挟んだ1万円を握らせてもらった。一種の粋なはからいである。

「星野監督からです」

という声が聞こえた。ただ、その声がだれのものだったか、緊張のせいで記憶にない。

星野監督が楽天の監督に就任してからは、こんなことがあった。

交流戦のために甲子園に来たとき、

「テレビ見たぞ。頑張ってるな～！　俺がタイガースで監督してたころは、辻さんの隣でチョコンといとったのになあ～」

そう、声をかけてくれたのだ。

「テレビ」というのは、たまたま当時放送されたグラウンド整備の特集か何かのことだと思う。私がインタビューに答えているシーンを星野監督も見てくれていたらしい。

私がチーフとして星野監督と仕事ができたのは、わずか数ヶ月。そんな中、声をかけてくれたことで、感激もひとしおだった。

私たちはこの何年後かに、楽天生命パーク宮城でも仕事をさせてもらうことになるのだが、その後押しをしてくれたのは、楽天野球団の副会長になっていた星野監督だった。

カラオケのことはさておき、星野監督が寄せてくれた信頼は、今の仕事の自信につながっている。

出張整備の教え

私たち阪神園芸甲子園施設部のグラウンドキーパーは、甲子園球場、阪神タイガースのキャンプ地、そして二軍の練習場を主な仕事場としている。ほかの球場のグラウンド整備は、主にスポーツ施設部の担当だ。

ただ、甲子園のリニューアルが行われていた2007年から3年間ほどは、私もシーズンオフに高等学校などのグラウンドに出張整備に赴いていた。

どこに出向いても、たいてい、「甲子園球場のようなグラウンドにして下さい」とお願いされる。そういうリクエストがない場合でも、同様のことが求められているのだろうなあとは思う。

もちろん、球場によっては、甲子園のグラウンドより硬いところがある。その状態を使い慣れている選手たちにとっては、甲子園のグラウンドの感触は軟らかすぎて嫌がられるかもしれないという気もする。それでも、甲子園を再現すれば喜ばれるかなという気持ちがまさってしまう。

出張整備の日程はたいてい2泊から3泊。到着したら早速、スパイクの入る地面の表面2センチほどを掘り起こして、地面の高低差を整えながらしめ固めていく。

特に、出張整備先のグラウンドでは、ピッチャーマウンドの傾斜がなくなっていることが多い。プレートの前に土が多すぎるのだ。土がどこから動いてきたのか、丁寧に探りながら整える。

私たちが整備を終えたグラウンドで、練習が始まると、選手も監督もウキウキしているのが伝わってくる。

ノックをする監督は、

「いやあ、ボールの転がり具合が、まるで違いますよ！」

と言いながら、ニコニコしていたりする。私は内心、

「そんなに違うかなあ」

とてれくさく思いながらも、ノックをしている本人の実感なのだからと、ありがたく受け止めることにしている。

高校生たちから、仕上げたグラウンドに対して生の声が聞けるのも、出張整備の魅力だ。甲子園にやって来た球児たちに、グラウンドでの足の感触や球の転がり方についてどう思うか、尋ねる機会はないからだ。彼らが望むグラウンドの状態を、甲子園でちゃんと再現できているか。それを確かめるチャンスが、出張整備になっていた。


ところで、高校のグラウンドと一口に言っても、すべてが同じというわけではもちろんない。専用の球場を備えている学校もあれば、校庭に内野部分を作って、そこに黒土を敷いているところもある。このパターンの学校が最も多いが、そういう内野部分もない、全部が校庭という学校もある。

私たちが整備をするのは、主にこの黒土の部分だ。でこぼこを整えたり土が減っているところに補充したりする。時間があれば、外野も整備する。フィールドが地続き

でつながっているところなどは、ついでに陸上部が使うところを整備することもある。サービスだ。

土に関しては、甲子園で使っている土は原則として使わない。そのような高価な土を使うより、地元で調達した土の方が安いからだ。

ところが、学校によっては、

「いえいえ、選手たちの励みになるので、甲子園と同じ土を、トラック一台分だけでも入れたいです」

と言うところがある。そういう学校に対しては、

「甲子園の土でなくても、仕上げたら同じようになりますから」

と答えるようにしている。

たまに、手作業だけでは整備ができないような、ひどいグラウンド状態の学校もあった。そういうときは、持参した機械を入れて整備をする。

整備を終えたあと、高校生たちには、グラウンドの状態をどのようにしたら維持できるのかをポジション別に教えていく。トンボのかけ方から、水のまき方、バッターボックスやピッチャーマウンドの固め方まで、まんべんなく指導しているつもりだ。

通常、出張整備で「甲子園グラウンド」が再現できたとしても、それが保たれるのは、私たちが整備した当日に限られてしまう。

ただ、そうでないこともある。日ごろから整備に試行錯誤してきた野球部員たちは、飲み込みが早いのだ。

ある長野県の高校でのことだが、2年連続で出張整備をさせてもらったことがあった。2年目に行ってみると、私たちが初めて整備に来たときの状態に戻ってしまっているのかなと思いきや、かなりよいグラウンドが維持できていて、驚いた。どうやら、土の動き方に気を配り、毎日丁寧に整備をしていたらしい。

グラウンドは、日々のささいな心がけで変わる。出張整備は、そんな実感をもたらしてくれるのだ。

メジャーリーグのグラウンドキーパーたち

2014年、甲子園で行われた日米野球は、私たちに鮮烈な印象を残してくれた。試合内容の話ではない。一緒に来日したアメリカのグラウンドキーパーたちの話だ。

私はそのときまで、アメリカのグラウンドキーパーについてはなんの知識も持ち合わせていなかった。ただ、知り合いから、「彼らの年収はすごいですよ」などと聞かされていた程度だ。「いくら稼いどっても、仕事の腕はどうかわからんぞ」と、勝手に思っていた。

ところが、実際に一緒に仕事をすると、そんな私のしょうもないステレオタイプは、見事に吹き飛んだ。

そもそも、なぜグラウンドキーパーも一緒に日本にやって来たのか。

メジャーリーグでは、ピッチャーマウンドの高さだけでなく、マウンドに入れる土の厚みや面積などが、すべて規格として決まっているらしい。

かつて、日米野球のために来日したピッチャーが、ピッチャーマウンドで軽く足を痛めたことがあった。それがちょっとした責任問題となったため、その後、グラウンドキーパーも来日同行することになったようだ。メジャーリーグの規格通りにグラウンドを整備した状態で、ピッチャーに足のアクシデントが発生すれば、それは仕方がない、という理屈のようだった。

11月、甲子園にやってきたアメリカのグラウンドキーパーたちは、グラウンドを点検し始めた。

シーズンオフ間近で、時間的に余裕があった私たちは、気を利かせて事前にグラウンド整備を終えていた。ちょっとした気遣いのつもりだった。そうしておくと、彼らも楽ができるかな、くらいに思っていたのだ。

「ありがとう。ありがとう」と言いながらも、彼らは点検作業を続けていく。私たちの技術を信頼していないのかと、少し不快に思い始めたとき、彼らが口を開いた。

「マウンドの土の厚みは15センチに決まっている。しかも、マウンドのこの面積全体に15センチの土を入れなきゃいけないんだ。今、中心のところはちゃんと15センチ土が入っているけど、その周りの土の厚みが足りないね」

実は、私たちはその規格を知った上で、土の厚みを減らしていた。投球時、ピッチャーが足で掘れるところは決まっている。だから、それ以外の部分には、15センチも土の深さは必要ないだろうと思っていたのだ。

でも、規格外のことであれば、どんな細かい点も彼らは見逃さなかった。微に入り細に入り点検していく彼らに、むしろ私たち尊敬の念を覚え始めていた。

しかも、問題点を指摘したからには、私たちにやり直させるつもりなのかと思いきや、彼らは、自分たちでピッチャーマウンドを作り直し始めた。「これは自分たちの仕事ですから」と言う。

勝手にではない。私たちに、「こういう風にしたいから、してもいいか?」といちいち確認をしながら、だ。

甲子園と私たちグラウンドキーパーへの敬意を忘れないで作業をしてくれたのが、嬉しかった。

試合が始まってから一つ、衝撃を受けたことがある。それは、アメリカのグラウンドキーパーたちの、オンオフの切り替えだ。

試合は当初、アメリカが一方的に点を入れる展開だったのだが、阪神・巨人連合チームが後半から追い上げ出し、試合は長引いた。そんなとき、彼らは人目もはばからず、がっくりと肩を落としてふてくされていたのだ。「はよ終われや」とでも言わんばかりの表情。見てしまったときは驚いた。

彼らにとって試合はすでにオフの時間なのだ。自分たちの整備したグラウンドで試合が行われていたら見てしまう私たちとはだいぶ違う。切り替えの早さに感心する一方、そこはあまり見習わなくてもいいかな、と思った。

この日米野球を境に甲子園のプロ野球の試合で大きく変わったものが一つある。それはピッチャーマウンドの土だ。メジャーリーグのグラウンドキーパーたちは土を持ってきた。「マウンドクレイ」と呼ばれる。粘土質で掘れにくいのが特徴だ。

それまで甲子園では、かつてウィリアムス選手の要望を受けて選んだ赤土を使用していた。しかし、この日米野球で能見選手や藤浪選手といった阪神タイガースの投手陣が好投したこともあって、甲子園でもマウンドクレイを採用しようということになった。

ピッチャーマウンドをいかに掘れにくくするのかというのは、ずっと私たちを悩ませてきた問題だった。とにかく硬めに仕上げて掘れにくくするという発想でマウンドを整備していたのだが、なかなか水加減も難しいし、手間もかかる。

その点、彼らが持ってきたマウンドクレイは掘れにくかった。「硬いから掘れにくい」のではなく、「粘土質だから掘れにくい」という理屈だったらしい。整備もだいぶしやすい。

今の甲子園、タイガースの投手たちが上がるマウンドでは、日米野球の置き土産が活躍しているわけである。

芝のクオリティーはゴルフ場譲り

芝のことに関しては、ゴルフ場のグリーンキーパーたちにアドバイスをもらうことで勉強させてもらうことが多かった。

ゴルフ場とのつながりを作ってくれたのは、阪神園芸に芝生関連の機械や薬剤を提供してくれている会社だ。取引先のゴルフ場との間を取り持ってくれたのである。

関西のゴルフ場で働くグリーンキーパーの中には、タイガースや高校野球のファンが大勢いる。甲子園に特に熱い思いを持っている人もいたりする。そんな人たちが、逆に私たちグラウンドキーパーの仕事にも興味を持ってくれることで話が弾み、仲良くなっていったりすることもしばしばだ。

芝生に関しては、ゴルフ場と球場では自然環境もだいぶ違うので、ゴルフ場の何もかもを球場に当てはめることはできない。

ただ、照明設備もない中で、甲子園よりもはるかに広い面積の芝生を、途切れることなく管理しているのだ。しかも、ゴルフ場では日中、お客さんがプレーしているのだから、作業できる時間はかなり限られている。厳しい状況下、短時間で仕事をこなすゴルフ場のキーパーたちから、こちらが勉強になることは多い。


個人的にゴルフをプレーしていることも、ゴルフ場の芝生管理の技を学ぶ上で役に立った。

ゴルフを始めたのは、先輩の辻さんから、勉強になるからやりなさいと勧められたのがきっかけだ。

私は特に贅沢なことも好きではないし、お酒も飲まない。小遣いの使い道があまりなかった私にとって、ゴルフはよい趣味になった。芝生の上は気持ちがいいし、プレーは面白い。

しかも、確かに勉強になる。プレーをしていても、仕事柄、芝生にはどうしても目がいってしまう。芝生の管理のためにどのような作業をしているのか、どのような薬剤を使っているのか、ゴルフ場を回りながら学んでいったこともあった。

実は、子どものころ、叔父に連れられて、ゴルフの真似事をしたりショートコースを回ったことがあった。そのとき、すでになんとなく手ごたえを感じていたように思う。

ただ、大人としてゴルフを始めたころは、コースを回っても、腕前はさっぱりで、アウトとインで150も叩いていた。もう少しうまくならないと、楽しめないと思い、コツコツ練習していくうちに、100を切るようになった。

いつだったか、安芸のキャンプ期間中に、休みの日を利用してゴルフ場を訪れ、コースを回ったことがあった。そのときに一緒にコースを回ったプレーヤーの中に、相当上手いアマチュアの人がいた。

その人に自分のゴルフをほめてもらったことで、私の心に火がついた。それまでは、まあ100を切れば上出来だと思っていた私は、もっとうまくなろう、もっと高みを目指そうと決心した。

その結果、私の腕前は、アマチュア競技に出場できるところまで、レベルアップしてしまったのである。

もしかすると、グラウンドキーパーを続けてきたことが、ゴルフの上達に関係があるのかもしれないと思う。というのも、グリーンの芝目を読んだり傾斜を見ることに関しては、決して素人ではないからだ。

それに、グラウンドの散水は、ゴルフでグリーン周りからカップにボールを寄せるアプローチに似ているところがある。ベンチやスタンドにまで水を飛ばしてしまうことなく、グラウンド上にムラなく散水する。その距離をコントロールする感覚が似ているのだ。若いグラウンドキーパーが散水をしているところを見ると、ゴルフがうまくなるかどうか、見分けがつくこともある。

ちなみに、私はゴルフの腕を磨いていった結果、阪神タイガースのオフのときのコンペにも呼んでもらえるようになった。それが縁で、ふだんあまり交流がない選手とも親しくなったりして、つながりが広がっていったのだ。

ゴルフのおかげで、甲子園の芝のクオリティーは保たれていると言ってもよいかもしれない。

阪神園芸応援団

私たちの仕事を、メディアが頻繁に取りあげてくれるようになったのはここ十数年のことだ。

特に、2003年ごろからは、「甲子園野球の裏方」として注目してもらえることが多くなったような気がする。2003年は、セ・リーグ史上最速のスピードで阪神タイガースがマジックを点灯させた年。観客数も増え、甲子園球場への関心がさらに高まっていたころだ。

それまで、阪神園芸のグラウンドキーパーは、まさしく知る人ぞ知る存在だった。藤本さんや辻さんといった伝説の先輩たちがいたにもかかわらず、である。そのころの私は、いつか毎週のように取材を受けるようになるなんて、想像すらしていなかった。

今のように私たちを知ってもらえるようになった背景には、本当に縁としか言いようがない、いろんな人たちとのつながりがあった。

笑福亭銀瓶《しょうふくていぎんぺい》という落語家がいる。NHK朝の連続テレビ小説『あさが来た』にも出演していたので、知っている人も多いかもしれない。

実は、彼は私の幼馴染だ。家も近所で同じ小、中学校に通い、二人とも野球をしていたし、結構仲がよかったはずだ。小さいころは道端で三角ベースの野球をしたりしていた。ただ学年が上がるにつれ、やんちゃだった私を彼は避けるようになっていった気もするが。

再び交流が始まったのは、お互い仕事につき、別々の道を歩み始めてからだ。彼は自分の番組に、私を呼んでくれるようになったのである。

まさか、子どものころの縁が、全国の人たちに阪神園芸のグラウンドキーパーを知ってもらうきっかけになるなんて、夢にも思わなかった。


私たちにエールをおくってくれた人としてもう一人忘れられないのは、作家の小川洋子さんだ。私は、開幕戦の日のスポーツ紙に掲載される小川さんの手記をいつも読んでいるが、阪神タイガースへのひたむきな愛情が伝わってきて毎回心が弾む。

もう10年以上前になると思うが、そこで私たち阪神園芸について書いてくれたことがあった。その中に、「この人たちはお金のために仕事をしているのではない」というような文言を見つけた。

会って話したこともないのに、私たちの仕事ぶりをたたえてくれている。表舞台で活躍することはない。それでも、私たちの仕事に目を留めてくれている人がいると思うと、力が湧いてきた。

嬉しいというよりも、この仕事に対する誇りを改めて思い出したような気がした。

「縁」といえば、金村義明《かねむらよしあき》さんも絶対に忘れてはいけない存在だ。ご存知の通り、元プロ野球選手で現在は野球解説者、タレントとして活躍している人である。

金村さんは、ことあるごとに阪神園芸のグラウンド整備を自分のラジオ番組などで絶賛してくれる。「えこひいき」してくれていると言ってもいいくらいだ。私自身、たまにしか聴かないラジオで、偶然にも何度もその話を耳にしたものだから、心から感激した。

実は、金村さんとの縁の始まりはもっと昔に遡る。

阪神淡路大震災が起こった1995年。3月に、被災して母を亡くした私の特集が朝のワイドショーで放送されたことがあった。それをたまたま見ていたらしい金村さん（当時中日ドラゴンズ）が、オリックスとのオープン戦のときにグラウンドで私を見つけて、「テレビ見たわ。頑張れよ！」と声をかけてくれたのだ（そのとき、私はグリーンスタジアム神戸の担当として出向いていた）。

とにかく、そのときの優しさが忘れられなかった。勢いあまって、金村さんのラジオ番組に出演しているアナウンサーにそのエピソードを語ってもらったこともある。ところが、本人は残念ながら忘れていた（次に会ったときの第一声は、「忘れててごめんな……」だったが）。

さらにときを遡って私が甲子園でアルバイトを始めた中学2年生の夏、優勝した報徳学園のエースで4番、それこそが金村さんだった。

ほかにも、ここには書ききれないほどの人たちが、私たちの仕事を応援してくれた。一介の球場グラウンドキーパーが、こんなにたくさんの人とつながることになろうとは。縁は思わぬところで広がっていく。一つひとつの出会いに感謝しながら、土と向き合う日々である。

グラウンドの味方

甲子園球場では、音楽のコンサートをはじめとして、野球以外のイベントが開催されることも少なくない。観客動員数が多い人気のある音楽グループであれば、収容人数が限られる音楽ホールよりも球場の方が、一度に大人数のお客さんに来てもらえるわけだ。

甲子園でコンサートを開催した歌手たちの中で、特に印象深いのはTUBEだ。メンバー4人が同年代ということもあり、私は若いころから大ファン。コンサートにも何度も足を運んできたものだから、甲子園のステージも、特別な親近感を抱いてきた。

ただ、グラウンドの整備をしている立場からすると、甲子園でのコンサート実施は痛しかゆしで、できることなら避けてほしいという思いもある。ステージを組むために、何台ものトラックやクレーンが入ってきて、グラウンドがかなり傷んでしまうからだ。

特に、天候が悪い場合は傷み方が激しい。あちこちに深くて広い轍ができ、水がたまる。コンサート終了後、ペナントレース再開のためにグラウンドを復元する作業は、なかなかの重労働だ。

２０１３年9月に行われたＴＵＢＥのコンサートは、甲子園での23回目のコンサートだった。この日はタイミング悪く、台風が近づいていた。

単なる雨だけでもコンサートの実施は大変だ。準備も撤収作業も、晴天時のようにはいかない。まして、台風となるとどんなことになるか。そう思うと私は気が重くなっていった。


コンサートのステージを組むのは、ＴＵＢＥ側のスタッフたちとステージ設営専門の業者の共同作業だ。何度も甲子園でのコンサートの準備と撤収を経験してきているので、お互いに何をどうすればいいかがわかっている。

ステージを組む際、土の上をフォークリフトが入ったり、機材を運ぶために大型のダンプカーがグラウンドに入ってくる。土が飛ばないようにシートを張ってあり、その上にダンプカーが入る。そこに機材を下ろす。

外野まで機材を運ぶときには、歩み板を敷き、その上をフォークリフトが走行できるようにする。そうすると、歩み板以外のところはフォークリフトが走らないので、グラウンドが荒れるのを最小限に止めることができる。歩み板の下にある土や芝生も、直接フォークリフトの重量がかかることを防いでいるので、タイヤでえぐれることも避けられる。

歩み板でできたフォークリフト用の通り道は、2本。ここを通り、フォークリフトが機材を運んでステージを組んでいく。

こうして、コンサート前日、ステージは無事に完成した。ただ、心配なのはこのあとだった。

当日、案の定、雨が降り出した。開場の時間にはしだいに雨足が強くなってくる。
「なんでよりによってこんな日に雨なんやろ」と私はぼやいていた。

コンサートの開演は午後6時だが、2時間前には開場だ。一年に一回のイベント。ファンたちは早くから来て楽しむはずだった。

だが、朝からの雨は途切れることなく降り続いている。雨足は衰える気配がなかった。

午後4時。

私は、三塁側のスタンド下にある阪神園芸の控え室に詰めていた。その詰め所から一歩出て球場の中を見渡すと、お客さんの動きがよくわかった。一人一人列をなしてステージに近づいていくのをじっと見つめる。

驚いてしまった。どの人も笑顔なのだ。嬉しくて仕方がないという表情。私には衝撃だった。

「こんな天候やのに、そんなに気持ちが高揚するんか」

今から雨が止むわけはないし、台風接近まで報じられている。これからずぶぬれになりにいくようなものじゃないか。しかもコンサートが始まるまでに、まだ2時間近くもある。その笑顔はどこからくるのだろう。

私は思った。みんなこのコンサートを、一日千秋の思いで楽しみにしてきたんだと。阪神タイガースの試合は、ペナントレースの間、毎日のように行われる。甲子園での試合に限っても、相当な試合数だ。それでも、タイガースのファンは、甲子園で観戦できる、その一日を楽しみにして、足を運んでくれる。

甲子園でのTUBEのコンサートは、一年にたったの一回である。この一回を楽しみにしている人たちなのだ。だから、雨であろうが台風であろうが、みんな笑顔になる。

そう思うと、このコンサートが終了してからの私たちの作業も、頑張ろうという気になってきた。

とは言うものの、だ。コンサートが始まってからもずっと雨が降っており、午後9時ごろにコンサートが終了した時点で、グラウンドは水浸し。台風は直撃のコースをたどり、甲子園付近を通過するのが夜中の1時か2時という予想だった。お客さんの笑顔を見たことで、頑張ろうと思う気持ちもある一方、翌朝の撤収作業と復旧作業のことを考えると、やはり気が滅入る。

ところが、翌朝9時に甲子園に到着した私は、思わず目を疑った。

ステージの撤収がほぼ終了していたのだ。

台風通過がほぼ確定していたから、コンサートの撤収作業は翌日の朝から始まることになるだろうと思っていた。私たちが行うグラウンド復元作業は、コンサートスタッフたちの撤収作業が終わってからでないと始められない。朝早くグラウンドに来たところで、撤収作業がいつ終わるかと気をもみ、無駄な時間が過ぎていくだけのような気がしていた。グラウンドに向かっていたときは、半ば諦めの気持ち。それぐらい、コンサート終了時のグラウンドは悲惨な状態だった。

なのに、実際にグラウンドに来てみると、ステージはきれいに撤去されていたのだ。悪天候での仕事に慣れたコンサートスタッフたちが、台風が直撃する中、手際よく撤収作業を完了しておいてくれたらしい。

これで、すぐにグラウンドの復元と整備の作業が始められる。

私は常々、仕事は、段取りが8割だと思っている。朝一番、今日はこの作業から始めよう、そしてこの天気なら明日はこれをすれば、明後日には問題ない状態にできるといった段取りを考える。それを大切にしている。

だから、朝一番にそこから出発できるようにしてくれていたことが、なによりも嬉しかった。コンサートスタッフたちのグラウンドへの気遣いを感じた。このときの気持ちは、今でも忘れられない。

そのあとの復元作業は、私たちの仕事だ。

歩み板を敷いてフォークリフトの道を作っていたために、芝生の傷みはほとんどなかった。

ただ、グラウンドはひどかった。雨が降りしきる中、ダンプカーが走ったために、タイヤの轍の跡があちらこちらにある。工事現場のようにガタガタで、しかもそこには雨水がたまっているという、悲惨な状態だった。

そんな光景を見た人たちは、「こんなひどい状態で、どうなるんだろう」と案じていたに違いない。実際、現場に居合わせた球場関係者たちの表情に、そんな心配がはっきりとにじみ出ていた。

しかし、私に不安はあまりなかった。その二十数年前の安芸のキャンプ地で、辻さんと一緒に、絶望的なグラウンドを補修した経験があったからだ。

案の定、グラウンドは元通りになり、3日後に予定されていた試合は何の支障もなくプレーボールできた。

別の年のことだが、同じように天候が悪い中でTUBEのコンサートが行われたことがある。

このとき、私はコンサート後のグラウンドコンディションのことを心配していた。

そこで、厚かましくもコンサートの主催者側に、

「グラウンドが心配なので、ジャンプは控えめで、というお願いはできないでしょうか」

と頼んでみた。

すると、それがヴォーカルの前田亘輝《まえだのぶてる》さんの耳に届いたらしく、コンサートの最中に、

「このあと、優勝争いをしてる阪神タイガースが甲子園に帰ってきて、また試合をしますから、みんな、ジャンプは控えめにしましょうね」

と言ってくれたのだ。

嬉しかった私は、タイガースの選手たちに後日この話を伝えた。選手たちも、

「そんなこと、言ってくれたんですか！」

と、思わず顔をほころばせていた。

グラウンドコンディションという観点だけから考えれば、野球以外のイベントのために甲子園が使われるのは、あまり歓迎できることではない。ただ、甲子園球場のいろいろな使命については、選手たちも私たちも、お互いに諸々の状況を理解してきて

2015年9月、甲子園で最後のTUBEコンサートステージ（写真提供：著者）

いる。そういう中で、コンサートをする側の人たちが示してくれた気遣いは、本当に嬉しかったのだ。

その後、ＴＵＢＥのコンサートの打ち上げの場に呼んでもらったことがある。そのときに、前田さんにこの話をすると、

「え、そんなこと、言いましたっけ？」

ととぼけた答えが返ってきた。

私の記憶に間違いはない。前田さんはジャンプのことを確かに言ってくれたし、実際に、そのコンサートでのお客さんたちのジャンプが控えめだったこともはっきりと覚えている。


私たちの仕事は、野球というスポーツに密接に結びついている。

それでも、ＴＵＢＥのコンサートで私たちは、グラウンドを大切に思ってくれる人は野球や球場とは全く関係ない人たちの中にもいるのだということを知った。

第4章

チームで継承する職人技

グラウンドキーパーの適性

野球経験は必須ではない

私たちの仕事に関してよく聞かれるのは、「グラウンドキーパーになるために、野球経験は必要か」ということだ。

結論から述べてしまうと、答えはノーだ。野球経験があることは決して必要条件というわけではない。今、私たちのチームで係長として働いている中堅メンバーが２人いるが、彼らはどちらも野球部出身ではない。

先輩の中には、グラウンドキーパーの仕事をするには、野球経験者ではない方がふさわしいという人もいた。野球経験者は、目の前で行われている野球の試合自体に必死になってしまうからだそうだ。

もちろん、野球経験があればあったで、生かせる職場だと思う。今の若手メンバーはほとんどが野球部出身だ。野球が上手いか下手かは関係ない。「自分がプレーしていたとすれば、どこをならしてほしいか」という発想ができるのが大事だ。

逆に、野球の経験がない新人に仕事を教える場合は、こちらが言わんとすることを理解してもらうのに苦労することもある。

たとえば、試合途中での整備作業を新人たちにさせるとしよう。野球未経験者の多くは、まず守備につく選手たちの「足元」をならそうとする。スパイク跡で荒れているから、きれいにしようというわけだ。

しかし選手からすれば、足元をならしてもらっても、守っているうちにどうせ踏んでしまう。限られた時間の中での整備なら、むしろ守備位置よりも少し前の方をならし、打球のバウンドが変わるのを防いでくれる方が、選手にとってはありがたいはずだ。

野球経験者なら、余計な説明はいらない。「もし、自分がセカンドを守るとしたら、どのあたりをならしてほしい?」と尋ねれば済む。野球経験は、選手の立場になって考える能力を養ってくれるという点で、プラスに働くことが多い。

ただ、野球経験以上に大切なものがある。自分の仕事が与える影響を把握し、それを次に生かそうとする姿勢だ。

私たちはときどき、各地の高校でグラウンドの整備指導をさせてもらうことがある。野球部員の中には、一を聞いて十を知るという具合に飲み込みの早い子が少なからずいる。そういう子は、グラウンドの整備と自分たちのプレーとの関係を常に考えながら、私たちの話を聞いているのだ。

どんなプレーがあってグラウンドがどうなったのか。自分の仕上げたグラウンドがプレーにどんな風に影響を与えたか。グラウンドキーパーには、試合そのものよりも、自分たちの仕上げた足元のグラウンドを見て考える能力が必要になってくる。

足元への意識

グラウンド整備は、選手の足元の動きを見る仕事だ。同時に自分の足元にも常に気を配っていなければならない。土の状態を見極める上で、自分の足で踏むというのが究極の手段になるからだ。

グラウンドキーパーがグラウンドにつける足跡は、普通の人のそれよりも薄い。たとえば、試合前に内野グラウンドに散水するとき、人手が足りなくてボールボーイにホースの後ろを持ってもらうことがある。そんなときはたいてい、ボールボーイの足跡だけがくっきりと残っている。

実際は、そんなに大げさなことではない。グラウンドキーパーは足跡がつきにくいような靴を履いているということもある。ただ、グラウンドキーパーにとって、足跡をつけないで歩くというのは、自分たちの仕事場であるグラウンドを意識するための一歩になると思う。

新入社員には、まず初めにその仕事場での歩き方を覚えてもらう。かかとを引きずらず、つま先で蹴らない。ポイントはその2つだけだ。

簡単そうに思えて意外と難しい。かかとを引きずらないように意識すると、次はつま先に体重をかけたくなってくる。なかなか習得できないメンバーには、できるだけ土踏まずを意識するようにアドバイスをする。慣れさえすれば、たいていは足跡を深くつけずに歩けるようになる。

足跡をつけないように歩く。単純な運動だが、これで自分の足元を意識しているかどうかが分かる。グラウンドを大切にできているかどうかを判断する材料になるのだ。

グラウンドを傷つけない気遣いは、どこにいても途切れさせてはいけない。

球場の内部通路を足を引きずって歩いている若手を見かけて、叱ったことがある。

「おまえ、何してんねん。そんなんしとったらグラウンドでもそうなるで」

グラウンドでは引きずらない、ここでは引きずってもいいなどというのは、自分の足元を意識できていない証拠だろう。どんな場所であっても、自分の足元がどんな影響を与えているかを想像して、地面を傷つけないようにする。そういう心がけが、グラウンドキーパーの基本だ。

職人技でも若手が活躍

私たちのグラウンド整備を甲子園の「職人技」なんて呼んでくれる人がいる。ただ、意外かもしれないが、その「職人技」を支えているのは若手メンバーだ。

私たちが所属する甲子園施設部は全員で15人。そのうち、30代以上は私を含めて7人いて、あとは全員20代前半。平均年齢はかなり若い。

私が20歳でこの会社に入ったときは、年を取った人が多かった。私のような若手は次々に辞めていったので、なおさらだ。ベテランぞろいだから理想の整備ができるかというと、そううまくもいかない。単純に、年を取れば体力がなくなる。体力がなくなれば、動きは悪くなる。作業もなかなか効率よくはいかなかった。

グラウンド整備は、「職人技」である以上に、「体力仕事」だ。重い砂や土も一輪車に載せて運ぶ。自分の身長ほどもあるトンボを使って土をならす。毎日1万3千平方メートルのグラウンドを動き回る。だからこそ、若手の体力は貴重になる。

もちろん、経験の浅いメンバーが、最初からすべての整備作業をこなせるわけではない。そこで、ベテランが整備の仕方について指導する立場に回る。

大事なのは、実際の作業を極力ベテランが若手に任せるということだ。経験を積ませるという意味もあるが、特に体力を使う作業は、覚えてしまえば若手の方が早くできる。ベテランが失ってしまった体力を、若手が補ってくれているのだ。

実際に私自身、後輩に任せてきた作業がたくさんある。ホースを使った散水作業もそうだ。おそらく5年のブランクはあるだろう。今から私が再び散水作業に参加するようになっても、毎日先頭に立って水をまいている若手には敵わないと思う。

グラウンドキーパーは、若手こそが活躍できる仕事でもある。

見落としがちな体調管理能力

体調管理能力は、グラウンドキーパーにとって欠かせない素質だ。

体調を崩したメンバーがいるからといって、すぐに代わりを見つけることができる仕事ではない。もちろん、試合のスケジュールは決まっているのだから、整備の日程を変更することなどできない。出勤日に全員がそろっていることが不可欠になる。

特に、夏の甲子園大会はハードだ。炎天下での整備が続く。

グラウンドは乾きやすいから、好天が続けば毎日水まきをしなければいけない。芝生も伸びが早いので、毎日刈る必要がある。1日に4試合あるときは、朝の6時半から夜の8時ごろまで、13時間も拘束される。

かなりの重労働だ。

それでも、今のメンバーたちは、毎年、熱中症などで体調を崩すこともなく、仕事をやり通している。

ふだんから、グラウンドキーパーたちの寝坊による遅刻や無断欠勤はない。自分が果たしている役割、自分がいないことによって空いてしまう穴のことを、常に意識できているからだと思う。

責任を持って体調を管理する個々の心がけが、私たちの整備の原動力になっている。

一流の育て方

マニュアル化できない仕事

グラウンドキーパーの仕事には、マニュアルはない。マニュアルを作りたいと思ったところで、作れないだろう。

グラウンドの掘り起こし、トンボやローラーによる整備、グラウンドへの散水、芝生の養生、雨への対処、天候の見極めなど、いずれもある程度基本のノウハウはある。だが、その都度条件が違ったり、複数の条件が絡み合ったりするから、作業の内容はこまめに変化させなければならない。

たとえば、雨上がりのグラウンドの整備を例に取ろう。雨上がりといっても、3月と7月とでは、気温も水温も違えば、蒸発のスピードも違う。どれだけの雨が降ったのかも、千差万別だ。雨が上がった途端、日が差してくることもあれば、ずっと曇天のこともある。

こうした自然条件の違いに合わせて、どういう作業をすればよいか、ケースバイケースで最善のやり方を判断する。

レシピに忠実に調理をすれば、いつでも同じ味の料理ができあがる。米の種類、洗い方、水加減を一定にして、炊飯器にセットすれば、いつでも同じ味のご飯が炊ける。銀行の窓口に行けば、どの行員にお願いをしても、同じ対処をしてくれる。

どれも仕事が標準化された姿だ。私たちは、こうした標準化された世界を、当たり前のものとして受け入れている。

グラウンドキーパーの仕事は、こうした標準化からはほど遠い。

手取り足取りは教えない

マニュアル化できない仕事の技術を伝えるのは、一筋縄ではいかない。ここぞというところには、勘が必要になってくる。

本当のノウハウは、体と頭で覚えていくしかない。それが、私たちの仕事の難しいところであり、醍醐味だと思う。

ただ、私たちの仕事は体力仕事でもあるから、若手の新人には一日も早く戦力になってもらう必要がある。マニュアル化できない職人技だからといって、無駄に時間を使いながら人を育てる暇はない。いかに効率的に技術を伝えるかは、常に私が意識している課題だ。

昔は先輩がすることを見て技を盗むというか、見て習うことが当たり前だった。私も、見よう見まねで覚えていった。今でも、体でコツをつかむしかない仕事は、私は基本的に教えない。とにかく実践あるのみだ。

もちろん、何も言わないうちからすべてのことをただ「学べ」というのは、さすがに無茶だったように思う。「一を聞いて十を知る」とは言うが、聞くことがゼロだと、十を知るのは至難の業だ。

私は、言葉があればやりやすくなる仕事を見極め、若いメンバーに指導してきた。そうしないと、技術はやはり正しく伝わらない。

それでも、完全に手取り足取りは教えない。なんでも先回りして教えると、教えられた方は考えないようになってしまう。丁寧に教えれば教えるほど、情報量が多くなって頭に残らないなんてこともある。

私が心がけているのは、最初から解説はせず、結果だけを伝えることだ。たとえば、マウンドの土にじょうろで水を入れて、ちょうどよい水加減で固めなければいけない場面がある。ところが、「どの程度の水加減がちょうどよいのか」という目安は、何も知らないうちからわかるものではない。そこで、「泥団子ができるくらい」という、作業が到達すべき結果だけを伝えるのだ。

「泥団子」のたとえは、私自身が試行錯誤のうちにたどり着いた答えである。だれから教わったわけでもないが、結構インパクトがあって頭に残るフレーズだろうと自信を持っている。私のあとに入ってきたメンバーたちは、最初からベストな結果のイメージを共有できているから、作業の上達も早いはずだ。

ここでポイントなのは、最初から余計な解説はしないということだ。「なぜ泥団子の状態がベストなのか」、「どうしても泥団子ができないときは何が間違っているのか」、「グラウンドのどんな場所でも同じなのか」について、最初からいちいち説明していても、結局頭には「泥団子」のイメージしか残らない。

しかも、先にこちらから問いと答えを提示してしまうと、「なんでなんだろう」と自分から興味を持つ機会を奪うことになる。結果だけは把握して、そこから自分の力で問いを生み出して想像することが大事なのだ。教えられることを鵜呑みにするばかりだと、結局遠回りになることもある。

私たちの仕事は、時間勝負だ。たいていは締め切りが決まっているし、雨などでイレギュラーな進行になる場合は、私たちの作業次第で試合の開始時間が変わってきたりする。短時間でさまざまな状況を計算しながら、そのときに最適な方法を編み出さなければいけない。このような発想の瞬発力は、自分で考える癖がついていないと生まれない。

あえて任せれば考える職人になる

新人の考える力を伸ばしていくには、思い切って作業を「任せる」ということも大切だ。だれか指導役のもとでアシスタントから始めさせるのではなく、戦力として実際の作業に参加してもらうのだ。

実は、今働いているグラウンドキーパー全員が、整備作業の本質をつかんでいるわけではない。土をならすにしても、ラインを引くにしても、自分の動きの意味をしっかり把握できているメンバーの方が少ないこともある。

たとえば、若手はたいていトンボのかけ方が未熟だ。土を寄せるときの刃の使い方、土を寄せる方向をしっかりわかっていなかったりする。私自身、試合終了時のトンボがけでは、「自分の腕があと5、6本あれば」なんて思うことはざらにある。

だからといって、ベテランばかりがトンボをかけていたら、若手の腕前はいつまで経っても上がらない。少々未熟でも、彼らを育成するつもりで、トンボがけを任せてしまう。

思えば私自身、若いころはトンボのかけ方が下手だった。一緒に作業をする先輩たちを、やきもきさせていただろうなあと思う。

作業を任せる機会は増えるほどよい。それも、ふだんとは違う作業を任せられれば、考える力はもっと伸びるはずだ。

今は、甲子園施設部と、ほかのスポーツ施設を整備するスポーツ施設部が分かれてしまったこともあり、若手に経験を積ませるチャンスは減っている。

私が入社したころは、グラウンド整備をする部署は1つだったから、甲子園以外のいろんなところの作業を経験できた。グラウンドキーパー3年目にもならないうちから、あちこちのスポーツ施設の整備を担当させてもらえたのだ。

派遣先はさまざま。もともとのコンディションも違えば、施設側の要望も多様だった。おかげで、簡単にいえば、場数を踏めたのである。

今の甲子園施設部は、基本的に甲子園球場と鳴尾浜二軍練習場しか、作業の経験を積む場所がない。しかも、両球場とも、長年自分たちの手で整備をしてきた場所だ。想像を絶するようなひどい状態に遭遇することは、めったにない。

これではグラウンドコンディションが思いがけず悪くなったときに、対応できなくなってしまう。

だから私は、グラウンドが大きなダメージを受けるコンサートの修復作業に全員を出勤させたりしている。若手は、それによって「こんなに轍が深いときはどうするんだろう」、「芝は張り替えるしかないかもしれないな」、「機械はこのタイミングで入れるんじゃないか」などと、想像力を働かせることができるようになるはずだ。

ふだんとは違う状況だからこそ、若手が考えるきっかけが生まれる。

マルチプレーヤーに育てるには

春と秋に行われる阪神タイガースのキャンプは、選手たちの練習というだけではない。給料をもらっているのに言うのもなんだが、グラウンドキーパーにとっても、格好の練習になっているのだ。

なにしろ、甲子園球場と違って、ピッチャープレートにしてもホームベースにしても、数が多い。選手が練習をする前後、整備をしたり、片付けたりを要領よくこなしていかなくてはいけない。一人一人が担うタスクは、かなり多くなる。こういう環境でこそ、甲子園ではなかなか経験できない作業を効率よく身につけられる。

たとえば、ピッチャープレートやホームベースが、1年経って傷んできたら、その入れ替えが必要になる。実はこの入れ替えも技術を必要とする作業だ。甲子園ではプレートもベースも数が限られているから、習得する機会は少ない。キャンプでの作業を一通りこなすことが、甲子園でのすべての作業を把握するための第一歩になる。

キャンプは、雨の日の整備を学ぶ機会だったりもする。キャンプ地でも雨が降る日はあるが、甲子園ほどには雨対策の備品は整っていない。それでも、キャンプはもっぱら練習優先で、チームは雨を押してでも練習する。だから、雨上がりにはどのようにグラウンドを整備していくのかを、新人は実地作業として経験できることになる。

もちろん、駆け出しのグラウンドキーパーが、キャンプでの仕事をひと通り経験したからといって、「じゃあ甲子園、任せたで」とはならない。

それでも、作業の種類が多く、一人当たりの仕事が多くなる場があるからこそ、いろんな状況に対応できるグラウンドキーパーが生まれるのだ。

職人のチーム化

個人プレーの職場から脱皮

若いころは、先輩から声をかけてもらうことなどほとんどなかった。それは、不親切や意地悪からではなく、ただ単に、黙って仕事をする職人たちの集まりだったからだ。その証拠に、先輩たち同士もあまりしゃべっていなかった。

整備はベテランたちの個人プレーに近かったような気がする。グラウンドで作業をするときにも、だれがどこに行って何をするかというのは、行き当たりばったりに決まっていた。

私は、特にチーフになってから、グラウンドキーパーをチームにするというのを目標にしてきた。せっかく人がいるのに、それぞれが勝手に動いているのでは、無駄な動きが多くなってしまう。それぞれが全体の中での自分の役割を見つけ出し、作業を効率化させたい。

グラウンドキーパーたちの動きをよくするためには、作業全体を見渡している人が1人いて、技量的に優れている人が後輩の指導に回る。そういう仕組みが理想だと思った。実際に今、そんなチームになってきている。

私が、グラウンドキーパーのチーフとして、その日の作業の流れを決める。対外交渉も、私の役目だ。そして、10年以上の経験がある中堅が、20代の若手を指導する。それぞれの役割が有機的に作用して、チームとしてまとまるようになってきた。

特に、私と若手の間に中堅のメンバーがいる構成は、チーム化にかなり有利に働いた。彼らが、私と若手のクッションになってくれたからだ。

年齢が離れていると、深い信頼関係を築くのは簡単ではない。考え方の違いから、誤解も生じやすいだろう。もしメンバーが私と若手だけだったら、私のワンマンになって辞めていく人がいたかもしれない。私の指示の意図を汲み取り、若手にしっかり伝えてくれる人たちがいたからこそ、チームがうまく機能するようになったのだろうと思う。

単なる職人の集まりから脱皮して、チームに生まれ変わって以降、少なくとも私は職場でストレスを感じたことはない。

若手との距離のつめ方

人の集まりをチームにする上で、人間関係は一番大事だ。人間関係を作るために、コミュニケーションは欠かせない。特に私は、できるだけ若手とも一人一人と話す機会を持つように心がけている。

私はもともと、会話が得意な方ではない。

取材を受けたり、メディアに出演してコメントをしたりすることが多いから、話し好きなんだろうと勘違いをされることがある。

ただ、そういうときは仕事についてだから話題の引き出しがあるのであって、ほかの話題ではそもそも会話にならないかもしれない。気持ちの入っていない雑談などは特に声が通らない。家だと「何を言っているかわからない」と妻や娘に指摘されることもしょっちゅうある。

仕事の指示でも、しばしば「え？」と聞き返される。

以前は、「もう一回お願いします」などと指示を繰り返させられるたびに、「なんでちゃんと聞いとらへんねん」と腹を立てていたものだった。

でも今は、「言い方が悪かったかな」、「ちゃんと内容が伝わったかな」と、自分の発言を常に振り返るようにしている。そうすることで、メンバーとのコミュニケーションが取りやすくなってきた部分はあると思う。

実は、グランドキーパー全員が集まるミーティングの場などは、ほとんどない。私はお酒も飲まないから、メンバーそろってコミュニケーションを取る場はキャンプ中くらいだ。ただ、私はふだんからメンバー一人一人に声をかけるようにはしている。

メンバーの中には、私と距離を置いている若手が結構いる。私は最年長で一番高いポジションにいる人間だから、若いメンバーからすると話しかけづらいようだ。

基本的に、若手は中堅のメンバーから指導を受けるので、私と直接話す機会はあまりない。

そんなとき、私の方から、若手とコミュニケーションを取ろうとする。「○○先輩は怖いやろ」などと中堅のメンバーをだしに冗談を言うことで、会話の糸口をつかむ。

中堅のメンバーが、私と若手とのコミュニケーションの緩衝材になるというのは、こういう意味でもある。

私が積極的にメンバーとコミュニケーションを取ろうとしているのは、自分自身の経験があったからだ。

入社したとき、職場では口がききにくいメンバーが大半だった。とにかく早く技術を覚えたい私は、積極的に彼らに近づいてアドバイスをもらうようにした。ほとんどの先輩は、いくら無愛想に見えても、嫌がらずに対応してくれた。

自分からコミュニケーションを取りに行けば、たいていの人は心を開いてくれる。そう知ったからこそ、今でも自分からコミュニケーションを取ることを心がけている。

個性を見極める

各メンバーの特徴を、ふだんから観察しておくのも、チーム化にとっては不可欠だ。

かつて阪神園芸グラウンドキーパーは、長続きしにくい職場だったこともあって、ベテランばかりがそろっていた。

今は、年齢と経験年数によって、メンバー内に能力の差ができている。もちろん、大きな差ができないように気を配ってはいる。ただ、それでも各作業の得意、不得意はやはり出てきてしまう。ホースでの散水作業も、3年でできることもあれば10年経ってもできないこともある。

しかし、ここにこそチームが機能する理由がある。お互いに補い合っていく必要が出てくるからだ。全体を見ている私は、作業にかけられる時間も考慮しながら、それぞれのメンバーの特徴を踏まえて人員を配置する。

メンバーそれぞれの、手の早さ、作業の出来栄え、得意不得意を把握し、仕事をわりふっているからこそ、チームとして機能している。

複数で技を引き継ぐということ

私が入社してから数年間は、職場を辞めていく人が結構いたと記憶している。辞める理由の一つに、「上司同士の板挟みになって辛い」というものがあった。

当時のグラウンドキーパーたちの仕事は個人プレーが目立っていたように思える。メンバー内の上下関係はぼんやりとある。ただ、会社内での立場が上の人と、現場で大きな発言力を持つ人が違っていたりした。彼らの指示が正反対なこともあった。単純にいえば、指揮系統がはっきりしていなかったのだ。

一方の指示に従えば、もう一方には「なんでちゃうことやってんねん」と怒られる。そんなことを気に病んで何人かが辞めていった。

今は、私から中堅、中堅から若手という指揮系統がはっきりしている。会社内での立場と現場での立場もほとんど合致しているから、大きな混乱が起こることはない。

そろそろ、私も後進に道を譲ることを考えなければならない年齢になってきた。客観的に見ても、1人が背負っているものが大きいのは、デメリットがある。私がいつか いなくなってもいいように、日ごろから中堅メンバーを教えるようにしている。

後継者を1人に決めるのは、そんなに簡単なことではない。年齢や経験が近い人がいる場合はなおさらだ。

私は、後継者を1人に定めて技術を継承しようとは思っていない。イメージとしては、後継者の候補が3人いるのであれば、三者三様の力を合わせて私の代わりを務めてもらいたいと思っている。こうすれば、たとえその中の1人が抜けたとしても、うまく乗り越えられるだろう。

もしかしたら、3人も後継者がいると、衝突が起きることもあるかもしれない。ただ、目指す方向が完全に違うということはないはずだ。結果に持っていくまでのプロセスが若干異なるだけだろう。そんなときは、一番年齢が上の人の意見に従うとか、多数決にするとか、いくらでも方法はある。

大事なのは、引き継げる人を複数見つけておくということと、彼らに日ごろからお互い手分けして仕事をさせるということだと思っている。

効率が第一

ゆっくりならだれでもできる

入社したころ、先輩に何度も言われたことは、「はよせぇ」だった。

たとえば、試合後のピッチャーマウンドを整備するにしても、きっかり15分で仕上げるように言われていた。私は、「一生懸命きれいにしたらええんちゃうん」と思っていたが、「ゆっくりならだれでもできる」というのが話の根本にあったらしい。

私も今では、若手に注意をするようになった。

たとえば、ライン引き。経験の浅いメンバーだと、まっすぐなラインにしようとしてゆっくり引いたりする。でも、ゆっくりならできるのは当たり前。私たちは早くまっすぐ引くからこそ値打ちがあるのだ。

短時間で引かなければならないとしたら、どうすればいいか。ただ単に足を速めるのでは、ラインがぶれてしまうだろう、一歩の歩幅を大きくして大股で歩けばいいのだろうか、などと考えながら、作業のスピードアップをはかる。

チームが機能し、同時並行で作業ができるようになったおかげで時間短縮になったこともある。

たとえば、散水とライン引き。ホースで水をまく方向はいつも時計回りだ。水まきのスタートを一塁側から始め、完了したところからラインを引いてしまう。そのラインを引いている間に三塁側の水まきに取りかかる。そういう要領を覚えて手分けをすれば、時間短縮が進む。

実は、他球場では、同じ作業を私たちの倍の人数で、倍の時間をかけて行っていたりする。早くて上手ければ、人件費も少なくて済むから安い。

阪神園芸グラウンドキーパーのコンセプトは「早い、上手い、安い」だ。どこかで聞いたようなフレーズではあるが。

作業は早く、休みを長く

私たちの仕事は「職人技」かもしれない。ただ、自分たちの理想を追求するのに、無限の時間が与えられているわけではない。試合開始に間に合うようにという、締め切りは常に決まっている。

雨が降ったりしたら、もっと短時間で作業をしなければならないことも出てくる。だからこそ、ゆっくり丁寧に仕事をしているだけではだめなのだ。

「やることとやって、休む時間を長くしろ」が辻さんの口癖だった。

その時間を作っておけば、ゲリラ豪雨に襲われたりしたときに余裕を持って対処できる。結局、だらだら長い時間を使って仕事をしても、イレギュラーバウンドの確率がもっと低くなったりなんてことはない。

「早くしなければ」という意識は、私たち全員に刷り込まれている。しかも今は、若いメンバーが多いし、グラウンドキーパーがチームとして機能しているから、作業効率はかなり上がっている。

早く帰るのも仕事のうち

シート張りや散水などで、グラウンドキーパーの動きがてきぱきとしていると褒められることがある。とにかく作業を早くするという習慣のおかげだと思う。

ただ、私個人の気持ちとしては、褒められたいとか、よく見られたいという思いはさらさらない。仕事をさっさとこなして早く家に帰りたい、というのが率直なところだ。


野球の試合では、知らず知らずのうちに終わりの時間を気にしてしまう。高校野球だと、もちろん各試合に熱中してはいる。ただ、終盤にさしかかったら、「このバッターで終わったら、次の試合は15分開始やな」などと頭の中で計算し始めてしまう。

試合が終わったら、10分前後で整備を完了させて、次の試合を迎える。試合と試合の間に15分以上かかっていたのを、私がチーフになってから短くしたのだ。たかが5分がどうしたと思われるかもしれないが、私たちが作業を5分短くするのには、相当な労力を使っている。

しかも、もし4試合ある日であれば、15分もの短縮になる。私たちが早く帰れるだけではなく、甲子園球場全体の経費削減にも貢献できているかもしれない。

仮に毎日15分短く終わることができれば、15分×グラウンドキーパーと甲子園球場職員の人数×甲子園での試合日数、ということで人件費が削減される。しかも、照明代などの光熱費も浮くだろう。グラウンドキーパーの作業の時短は、阪神園芸と甲子園球場の経費削減に貢献している、と信じたい。

そもそも、たかが5分、10分も、待っているお客さんにとっては長い。

お客さんは、グラウンドの整備を観に来ているのではない。野球を観に来ているのだ。少しでもお客さんが待つ時間を短くするのが、私たちの使命だ。

たとえば、雨で試合が中断したときもそう。お客さんは試合が再開するのを待っている。雨が上がる。そのときに、私たちの納得のいくまで、2時間かけてじっくり整備作業をする。そんなことが許されるのか、ということだ。

お客さんは、待たせても40分が限度ではないだろうか。それぐらいが、「待たされた」という感覚を抱くことなく、待ってもらえるギリギリのラインだと思っている。

ただ、10分短縮して30分で作業が完了すれば、お客さんの受け止め方はかなり違ってくるだろう。

早く作業を済ませて早く帰るのも仕事なのだ。そう思って、日々いそいそと時短に取り組んでいる。

機械と手作業の分けどころ

整備に必要な機械がそろっているのも、私たちの仕事の効率が上がっている理由だ。

今、甲子園球場のグラウンド整備では、トンボのような手仕事の道具のほかに、トラクターやグラウンド整備カー、ローラーなどの機械を使っている。

私が会社に入ったころ、さらにそれ以前の時代と比べると、本当に変わった。機械などろくなものがなかったときは、先輩たちが、手作業で工夫を重ねてグラウンド整備をしていた。

今のように機械化が進んだのは、先輩の辻さんの功績が大きい。

辻さんは、ただ単に整備に必要な機械を取り入れただけではない。既製品を、甲子園のグラウンド整備用にアレンジさせていた。

たとえば、ゴルフ場で使われるバンカーに手を加えたり、トラクターに取りつけるための、グラウンドを2センチほど掘り起こす道具を発案したのも辻さんだった。甲子園特別仕様の機械のおかげで、私たちの作業時間はかなり短縮された。

それでも、絶対に機械ではできない仕事もある。トンボがけもそうだ。

驚異的にトンボがけが上手かったと言われる藤本さんの時代から、やり方は全く変わっていない。土の上での細かい作業は、やはり人の手で仕上げなければならないのだ。

それに、大げさかもしれないが、気持ちを込めた作業によって、グラウンドのよい状態が保てる部分があると思っている。

手作業に費やす時間は、短い。オフィスで仕事をしている人たちなら、朝から夕方までが業務時間だが、私たちは、朝の9時から夕方の5時までトンボをかけ続ける、なんていうことはない。1日という時間のうちのわずか数十分なのだから、それぐらいなら丁寧に手作業をすればよいではないかと思っている。

そのわずかな時間に、選手たちへの思いを込める。ピッチャーマウンドであれば、ちょっとでも深く掘れないように。そんな気持ちが届いていればなあと思う。

機械でやれるところは機械で、手作業は気持ちを込めて。メリハリをつけて仕事をすることが、クオリティーを保ちながら効率的に作業ができる秘訣だったりする。

開き直り力

「待つ」のに慣れる

グラウンド整備は「待つ仕事」だ。

たとえば、試合が予定されているのに、雨が降り続いている日。シートをかけていても、かけていなくても、止むまで私たちに仕事はない。できるのは「待つ」ことだけだ。

1、2月の天地返しも、「どれだけ待てるか」が勝負だと思う。雨が降り、水分がちょうどよい具合に蒸発するのを「待つ」のみだ。しかもシーズンオフで、そもそもそんなにたくさん仕事があるわけではない。

「仕事してへんように周りには思われるかもしれんけど、ここは我慢して待たなあかんで」

辻さんが口を酸っぱくして言っていたのを思い出す。

ただ、「待つ」ということは思った以上に難しい。やるべきことは決まっている。なのに何もできない。どうしよう、どうしようと焦りが募っていく。

そんなときはあえて何も考えないようにする。どうしようと思ってどうにかなるものなら考えるが、どうにもできないのだ。天気なのだから。

自分が何かできる余地があるなら心配すればいいが、自分の力ではどうしようもないのなら思考放棄してしまった方がいい。

グラウンドを天地返ししたあと、雨がかなり降った。何日も作業ができない。別にそれでいいのだ。しっかり降ってくれた方が、最終的にはいいグラウンドに仕上がる。やることがないなら2、3日休もう。ふだん休めることなんてそうないんだし。休むのも仕事のうちだ。

こんな風に割り切ってしまっているから、私の寝つきはかなりよい。

「やれるもんならやってみい」

私が一番仕事で落ち込んだのは、甲子園リニューアルで芝生を張り替えたときだ。

2月に張り替えて迎えた6月。交流戦の最後の試合から、次の一軍の試合まで、3週間ほどあったので、夏芝を元気にしようとして冬芝だけを枯らす薬剤をまいた。すると、夏芝まで傷んでしまったのだ。

目に見えて甲子園の芝生は茶色くなった。選手だけでなく観客も気づくレベル。新聞にまで取り上げられた。

正直に言うと、あれほど落ち込んだのは後にも先にもない。かなり責任も感じた。ただ、

「やれるもんならやってみぃ」

と思うと吹っ切れた。何様だと思われるだろうが、自分を励ます方法としては有効だった。

真冬の2月に張り替えて、3月から使用する。しかも二毛作の芝生だ。あの状況下で、ほかのだれかだったら成功できたのか。そんなことはないだろう。そういう風に思えば、前向きになれたのだ。

しかも、そのときは周りの対応が温かかった。能見選手は、芝が回復してきたときに「こんなに回復させるなんてすごいですね！」と励ましてくれた。

それから、何か大きな責任を背負いこんで心が沈んでしまったときは、「やれるもんならやってみい」と心の中で唱えるようにしている。

プレッシャーに鈍感になる

グラウンド整備は、プレッシャーの大きい仕事かもしれない。

ほんの少しの整備ミスがエラーにつながって、試合の流れを変える可能性がある。選手生命を奪ってしまう確率もゼロとは言えない。しかも、私たち阪神園芸の担当するのは甲子園。日本で一番注目される球場だ。

それでも、私はプレッシャーをあまり感じない。

プレッシャーというのは、自分に何かすべきことがあって、それができないかもしれないと感じるときに生まれるものだと思う。グラウンドキーパーの場合、自分ができることは限られている。天候はコントロールできないのだから、無駄に心配せず、どんと構えておけばよいのだ。

明日は試合直前まで雨が降って整備が難しそうだというときは、どうしよう、どうしよう、なんて考えない。「明日の晩ご飯は何にしようかな」と思うぐらいだ。できることがないのであれば、気をもむだけ無駄だ。だれかが心配しているようなら、「それはグラウンドキーパーの腕の見せ所やん」と冗談で笑いとばす。

自分が失敗してしまった場合でも、「やれるもんならやってみい」と開き直る。あの状況に立ち向かえるのは自分しかいなかったし、その自分はああするしかなかった。そもそも命を取られるものでもないのだから、落ち込み続ける意味はない。

私自身、子どものころからネガティブで、何をしても悪い方に出るな、なんて思っていた。でも、大人になってから、なんでもよい方向に捉えられるようになってきた。もしかすると、このグラウンドキーパーという仕事が、私の考え方を変えてくれたのかもしれない。

影の職人の心得

恵まれているという自覚

私にとってグラウンド整備は仕事だ。趣味ではないから、毎日楽しくできるというわけでもない。仕事だからと割り切っている部分もある。

それでも、すごく恵まれた仕事だということは、いつも実感している。それがやりがいにつながっているところはあると思う。

グラウンドキーパーの仕事は、表舞台の仕事ではない。裏方だ。土の管理をし、芝生の世話をし、試合があればグラウンドの整備をする。雨が降るなら、その前後の対策にも力を注ぐ。畑仕事に近い作業もある。

それでも、そんな私たちに目を留めてくれる人がいる。私たちの仕事ぶりをリスペクトしてくれる人もいる。それは、ただただ私たちの職場がすごいからだ。甲子園という、野球の聖地で働かせてもらっているのである。

私たちが整備したグラウンドに立つ選手たちの中には、「投げやすい」、「プレーしやすい」、「芝生がきれいだ」といった感想を聞かせてくれる人も多い。直接でも又聞きでも、そういうコメントは嬉しい。

最高の環境で働かせてもらっていること、人からこんな風に自分の仕事を評価してもらえること。どれを取っても、恵まれているなと感じる。

この意識を常に持っておくことが、仕事のやりがいにもつながっているような気がする。

選ばれた者ではない

最近、若いグラウンドキーパーたちに、私があえて釘を刺しておくことがある。それは、自分たちは「選ばれた者」ではないということだ。

甲子園は、すごい場所だ。高校野球のスターが全国各地から集まり、億を稼ぐプロ野球選手が常に出入りをし、超大物歌手が迫力あるコンサートをする。

彼らは、みんな「選ばれた者」だ。代わりのきかない才能を持って、人々を魅了する存在。

そのような人たちと一緒にいる時間が長いと、必ず勘違いをする人が出てくる。たとえば、ほかのセクションではあるが、有名プロ野球選手のそばで仕事をしているうちに、選手がこちらの名前を覚えてくれたりすると、

「俺、甲子園で仕事してんねん。有名人と知り合いやねん」

などと周りに吹聴する者も出てくるのだ。態度もだんだんと横柄に見えてくる。私は、そういう変化が手に取るようにわかる。

だから、いつも若いメンバーには釘を刺している。私たちは「選ばれた者」ではないと。

私たちは、阪神園芸株式会社という造園会社の一従業員だ。もし社内の違う部署に異動になって、造園関係の仕事を担当するようになれば、施主さんや元請けの会社の方から仕事をもらって、指示を受ける立場になる。そんな中で、私たちグラウンドキーパーは、たまたま甲子園球場を担当させてもらっている。

甲子園のグラウンドキーパーという肩書を持っていると、いろいろな人が、下からものを言ってくれることが多い。阪神タイガースや球場関係者、メディアもそうだ。

持ち上げてもらうのが当たり前という感覚が身についてしまうのが、一番危ない。

裏方に誇りを持つには

私も「選ばれた者」ではない。私に代われる人は、今はたとえいなくても、おそらく今後出てくるからだ。藤本さんや辻さんといった先輩たちは、唯一無二の、代わりのきかないグラウンドキーパーだった。次元が違ったと思う。

私には、藤本さんのように卓越したトンボがけや天気読みの技術もない。辻さんのように、大胆に機械を発想する力もない。ただ、多くが辞めていく職場の中で耐え抜いてきたことに関しては、自信を持っている。体力的にも精神的にも、だれでもできることではなかったはずだ。

後輩たちにも、このことはわかってほしいと思っている。「選ばれた者」ではなくても、この職場で働き続けていられること自体は才能だと。

労働時間はイレギュラーだし、屋外での体力仕事が大半だ。裏方ではあっても、甲子園という常に注目を浴びる球場で働くことは、ときには大きなプレッシャーになるかもしれない。

そんな中、無断遅刻や無断欠勤をせず、真面目に仕事を続けていることは、やはりだれでもできることではない。グラウンド整備の技術を習得するまでの年数に差はあっても、そもそも何年で習得できるかわからないような仕事に向き合えていること自体、貴重なことだと思う。

私たちグラウンドキーパーは、「選ばれた者」ではない。でも、だれでもできる仕事をしているわけではない。私は、若いメンバーたちにそう伝えながら、今日もグラウンドを見つめ続けている。

おわりに

1995年1月17日に発生した、阪神淡路大震災で、私は、母を亡くした。結婚して家を出た、1ヶ月後のことだった。

実家に駆けつけると、住宅には火がすでに回っている。焼け跡から遺骨を拾い上げたのは数日後。女手一つで育ててくれた母との、あっけない別れだった。

球場職員として働き出した母が、私と甲子園を結びつけてくれた。

「あんたが、甲子園で働けているのは、お母さんのおかげやで」

妻の決め文句だ。母子家庭で、貧しく不遇だった子ども時代を私がぼやくたびに、その言葉を投げてくる。もちろん、私は何も言い返せない。

甲子園で働くように母から強制されたことは一度もない。

球場アルバイトも、阪神園芸への転職も、母は私の意志に任せてくれていた。転職後、私が仕事で辛い思いをしていたときも、黙って見守ってくれていた。

母が亡くなる少し前、私は母を甲子園球場に呼んだことがある。体調のことがあって退職していたので、母にとっては久々の甲子園だった。関係者用通路を通り、久しぶりに会う人たちと挨拶を交わしたり、私の仕事ぶりを見たりしていた。

長年勤めたかつての職場で、嬉しそうに微笑む母の姿が記憶に残っている。

中学生か高校生のころのことだ。ある日のテレビの野球中継を思い出す。確か、広島市民球場での試合だった。雨上がりのグラウンドにグラウンドキーパーが、一輪車で砂を運んでいるところが映し出されていた。そのとき、野球解説者が、

「今や、機械化や近代化が進んだ世の中ですが、まだ一輪車で砂を入れているんですね」

といった趣旨のことを言った。確かに一輪車は古いかもしれないと、私はその解説者の意見にうなずきながら聞いていた。

当時、もちろん甲子園球場においても、グラウンドに砂を入れるために一輪車が大活躍していた。

あれから30年以上経つ。

今でも、甲子園球場では、一輪車でグラウンドに砂を運んでいる。

昔ながらの道具ではあるが、一輪車ほど手軽で効率のよい機材はない。最近では、ドローンがいろいろなものを運ぶようになってきたが、ドローンが一輪車に取って代わることがあるとは思えない。

これからもおそらく、変わらないだろう。10年後、50年後の甲子園球場のグラウンドキーパーたちも、黙々と、地道な手作業で整備をしているだろう。

100年後も、きっと甲子園球場では野球が行われている。遠い将来にも日本一のグラウンドだと言ってもらえるよう、グラウンド整備の技術を継承していきたいと思う。

そのときも、グラウンドキーパーたちはせっせと一輪車で砂を運んでいるはずだ。

2018年7月

金沢健児

［ 著者略歴 ］

金沢　健児（かなざわ・けんじ）

1967年6月6日、兵庫県神戸市生まれ。グラウンドキーパー。阪神園芸株式会社スポーツ施設本部甲子園施設部長。球場職員だった母親に連れられ、幼いころから甲子園での試合を観戦。中学・高校時代から、アルバイトで甲子園のスコアボードの作業やグラウンド整備に携わる。会社員を経て、20歳のときに阪神園芸に入社。藤本治一郎氏、辻啓之介氏といった伝説のグラウンドキーパーたちのもとで経験を積む。2003年7月からチーフグラウンドキーパー。グラウンドキーパーのチーム化、作業の効率化をはかり、阪神タイガースの監督や選手のみならず、広く野球ファンの絶大な信頼を得ている。

阪《はん》神《しん》園《えん》芸《げい》　甲《こう》子《し》園《えん》の神《かみ》整《せい》備《び》

印　刷　2018年7月25日

発　行　2018年8月5日

著　者　金沢健児《かなざわけんじ》

発行人　黒川昭良

発行所　毎日新聞出版

〒102-0074
東京都千代田区九段南1-6-17　千代田会館5階
電話　営業本部　03-6265-6941
　　　図書第一編集部　03-6265-6745

印刷・製本　光邦

ISBN978-4-620-32532-3